U0063525
蘇民峰
中國
掌相

圓方立極

「天圓地方」是傳統中國的宇宙觀，象徵天地萬物，及其背後任運自然、生生不息、無窮無盡之大道。早在魏晉南北朝時代，何晏、王弼等名士更開創了清談玄學之先河，主旨在於透過思辨及辯論以探求天地萬物之道，當時是以《老子》、《莊子》、《易經》這三部著作為主，號稱「三玄」。東晉以後因為佛學的流行，佛法便也融匯在玄學中。故知，古代玄學實在是探索人生智慧及天地萬物之道的大學問。

可惜，近代之所謂玄學，卻被誤認為只局限於「山醫卜命相」五術及民間對鬼神的迷信，故坊間便泛濫各式各樣導人迷信之玄學書籍，而原來玄學作為探索人生智慧及天地萬物之道的本質便完全被遺忘了。

有見及此，我們成立了「圓方出版社」（簡稱「圓方」）。《孟子》曰：「不以規矩、不成方圓」。所以，「圓方」的宗旨，是以「破除迷信、重人生智慧」為規，藉以撥亂反正，回復玄學作為智慧之學的光芒；以「重理性、重科學精神」為矩，希望能帶領玄學進入一個新紀元。「破除迷信、重人生智慧」即「圓而神」，「重理性、重科學精神」即「方以智」，既圓且方，故名「圓方」。

出版方面，「圓方」擬定四個系列如下：

1、「智慧經典系列」：讓經典因智慧而傳世；讓智慧因經典而普傳。

2、「生活智慧系列」：藉生活智慧，破除迷信；藉破除迷信，活出生活智慧。

3、「五術研究系列」：用理性及科學精神研究玄學；以研究玄學體驗理性、科學精神。

4、「流年運程系列」：「不離日夜尋常用，方為無上妙法門。」不帶迷信的流年運程書，能導人向善、積極樂觀、得失隨順，即是以智慧趨吉避凶之大道理。

此外，「圓方」成立了「正玄會」，藉以集結一群熱愛「破除迷信、重人生智慧」及「重理性、重科學精神」這種新玄學的有識之士，並效法古人「清談玄學」之風，藉以把玄學帶進理性及科學化的研究態度，更可廣納新的玄學研究家，集思廣益，使玄學有另一突破。

自序

掌相知識在本人之前的三本著作——《觀掌知心》、《掌丘掌紋篇》及《掌紋續篇》經已盡說！惟以上三本著作皆以近代之西洋掌相學為骨幹，再加上本人歷年之經驗與心得結集而成。但當中對中國掌相所談甚少，因中國掌相之光芒在近代已被風水、命理及面相所掩蓋，故就有關方面之專門研究不多，以致典籍殘缺不全。其實，本人對中國掌相亦所知不多，但又不忍心讓它日漸淹沒，故大膽在此書將古代僅餘之掌相學說加以整理，讓後學者有所依循，故嚴格來說，這本不算是本人之著作，只可以說是編著而已。

作者簡介

蘇民峰 長髮，生於一九六〇年，人稱現代賴布衣，對風水命理等術數有獨特之個人見解。憑着天賦之聰敏及與術數的緣分，對於風水命理之判斷既快且準，往往一針見血，疑難盡釋。

以下是蘇民峰這三十年之簡介：

八三年 開始業餘性質會客以汲取實際經驗。

八六年 正式開班施教，包括面相、掌相及八字命理。

八七年 毅然拋開一切，隻身前往西藏達半年之久。期間曾遊歷西藏佛教聖地「神山」、「聖湖」，並深入西藏各處作實地體驗，對日後人生之看法實跨進一大步。回港後開設多間店舖（石頭店），售賣西藏密教法器及日常用品予有緣人士，又於店內以半職業形式為各界人士看風水命理。

八八年　夏天受聘往北歐勘察風水，足跡遍達瑞典、挪威、丹麥及南歐之西班牙，回港後再受聘往加拿大等地勘察。同年接受《繽紛雜誌》訪問。

八九年　再度前往美加，為當地華人服務，期間更多次前往新加坡、日本、台灣等地。同年接受《城市周刊》訪問。

九〇年　夏冬兩次前往美加勘察，更多次前往台灣，又接受台灣之《翡翠雜誌》、《生活報》等多本雜誌訪問。同年授予三名入室弟子蘇派風水。

九一年　續去美加、台灣勘察。是年接受《快報》、亞洲電視及英國 BBC 國家電視台訪問。所有訪問皆詳述風水命理對人生的影響，目的為使讀者及觀眾能以正確態度去面對人生。同年又出版了「現代賴布衣手記之風水入門」錄影帶，以滿足對風水命理有研究興趣之讀者。

九二年　續去美加及東南亞各地勘察風水，同年 BBC 之訪問於英文電視台及衛星電視「出位旅程」播出。此年正式開班教授蘇派風水。

九四年 首次前往南半球之澳洲勘察，研究澳洲計算八字的方法與北半球是否不同。同年接受兩本玄學雜誌《奇聞》及《傳奇》之訪問。是年創出寒熱命論。

九五年 再度發行「風水入門」之錄影帶。同年接受《星島日報》及《星島晚報》之訪問。

九六年 受聘前往澳洲、三藩市、夏威夷、台灣及東南亞等地勘察風水。同年接受《凸周刊》、《壹本便利》、《優閣雜誌》及美聯社、英國MTV電視節目之訪問。是年正式將寒熱命論授予學生。

九七年 首次前往南非勘察當地風水形勢。同年接受日本NHK電視台、丹麥電視台、《置業家居》、《投資理財》及《成報》之訪問。同年創出風水之五行化動土局。

九八年　首次前往意大利及英國勘察。同年接受《TVB周刊》、《B International》、《壹週刊》等雜誌之訪問，並應邀前往有線電視、新城電台、商業電台作嘉賓。

九九年　再次前往歐洲勘察，同年接受《壹週刊》、《東周刊》、《太陽報》及無數雜誌、報章訪問，同時應邀往商台及各大電視台作嘉賓及主持。此年推出首部著作，名為《蘇民峰觀相知人》，並首次推出風水鑽飾之「五行之飾」、「陰陽」、「天圓地方」系列，另多次接受雜誌進行有關鑽飾系列之訪問。

二千年　再次前往歐洲、美國勘察風水，並首次前往紐約，同年 masterso.com 網站正式成立，並接受多本雜誌訪問關於網站之內容形式，及接受校園雜誌《Varsity》、日本之《Marie Claire》、復康力量出版之《香港

100個叻人》、《君子》、《明報》等雜誌報章作個人訪問。同年首次推出第一部風水著作《蘇民峰風生水起（巒頭篇）》、第一部流年運程書《蛇年運程》及再次推出新一系列關於風水之五行鑽飾，並應無線電視、商業電台、新城電台作嘉賓主持。

○一年

再次前往歐洲勘察風水，同年接受《南華早報》、《忽然一週》、《蘋果日報》、日本雜誌《花時間》、NHK電視台、關西電視台及《讀賣新聞》之訪問，以及應紐約華語電台邀請作玄學節目嘉賓主持。同年再次推出第二部風水著作《蘇民峰風生水起（理氣篇）》及《馬年運程》。

○二年

再一次前往歐洲及紐約勘察風水。續應紐約華語電台邀請作玄學節目嘉賓主持，及應邀往香港電台作嘉賓主持。是年出版《蘇民峰玄學錦囊（相掌篇）》、《蘇民峰八字論命》、《蘇民峰玄學錦囊（姓名篇）》。同年接受《3週刊》、《家週刊》、《快週刊》及日本的《讀賣新聞》之訪問。

○三年

再次前往歐洲勘察風水，並首次前往荷蘭，續應紐約華語電台邀請作玄學節目嘉賓主持。同年接受《星島日報》、《東方日報》、《成報》、《太陽報》、《壹週刊》、《壹本便利》、《蘋果日報》、《新假期》、《文匯報》、《自主空間》之訪問，及出版《蘇民峰玄學錦囊（風水天書）》與漫畫《蘇民峰傳奇1》。

○四年

再次前往西班牙、荷蘭、歐洲勘察風水，續應紐約華語電台邀請作風水節目嘉賓主持，及應有線電視、華娛電視之邀請作其節目嘉賓，同年接受《新假期》、《MAXIM》、《壹週刊》、《太陽報》、《東方日報》、《星島日報》、《成報》、《經濟日報》、《快週刊》、《Hong Kong Tatler》之訪問，及出版《蘇民峰之生活玄機點滴》、漫畫《蘇民峰傳奇2》、《家宅風水基本法》、《The Essential Face

Reading》、《The Enjoyment of Face Reading and Palmistry》、《Feng Shui by Observation》及《Feng Shui — A Guide to Daily Applications》。

○五年始　應邀為無線電視、有線電視、亞洲電視、商業電台、日本NHK電視台作嘉賓或主持，同時接受《壹本便利》、《味道雜誌》、《3週刊》、《HMC》雜誌、《壹週刊》之訪問，並出版《觀掌知心（入門篇）》、《中國掌相》、《八字萬年曆》、《八字入門捉用神》、《八字進階論格局看行運》、《生活風水點滴》、《風生水起（商業篇）》、《如何選擇風水屋》、《談情說相》、《峰狂遊世界》、《瘋蘇Blog Blog趣》、《師傅開飯》、《蘇民峰美食遊蹤》、《A Complete Guide to Feng Shui》、《Practical Face Reading & Palmistry》、《Feng Shui — a Key to Prosperous Business》、五行化動土局套裝、《相學全集一至四》、《風生水起（理氣篇）》、《風生水起（巒頭篇）》、《風生水起（例證篇）》、《八字秘法（全集）》、《简易改名法》、《八字筆記（全集）》、《玄學錦囊（姓名篇）》、《觀相知人》、《實用面相》等。

蘇民峰顧問有限公司
電話：2780 3675
傳真：2780 1489
網址：www.masterso.com
預約時間：星期一至五（下午二時至七時）

目錄

第四章 掌色與八門 49

（休、生、傷、杜、景、死、驚、開）

第一章 中國相法

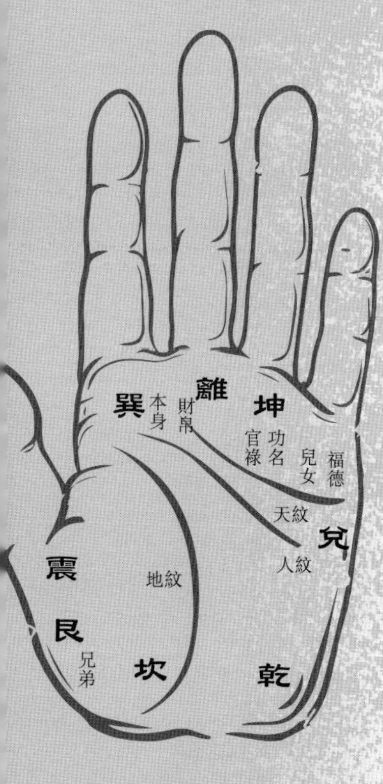

中國在研究掌相方面，遠遠不及面相之深入，可能中國在古代禮教社會裏，接觸人的手掌之機會不多。加上不能夠跨階層去研究，故其在系統上，有着不少不完善的缺點。

古代在掌相研究方面，主要有三大系統——中國相法、古埃及相法和印度相法，而這種學說及後更在歐洲的希臘、羅馬帝國流行起來。但從中世紀時代，禁絕神秘學以後，它們就慢慢失傳，復至十九、二十世紀才再度從歐洲流行起來。

現代之掌相學，主要研究個人之性格、行為舉止、心理生理、遺傳疾病之傾向，與古代掌相側重的父母緣分、祖蔭、個人運氣、妻財子祿截然不同。又古代中國掌相學與印度古相學有共通之處，都是較注重掌中的特殊符號，如魚紋、眼紋等。惟古代掌相學之著作所記錄之符號，既無系統，亦無詳盡分析，加上歷代著作並無更新，只是不斷以搬字過紙的方式論述，如一千年前抄二千年前的著作，五百年前又抄一千年前，三百年前又抄五百年前……遠遠不及面相學之仔細，歷代皆有創新；但既然說到掌相，就不能不略為提及中國掌相，以供各位讀者參考。

第二章

概論

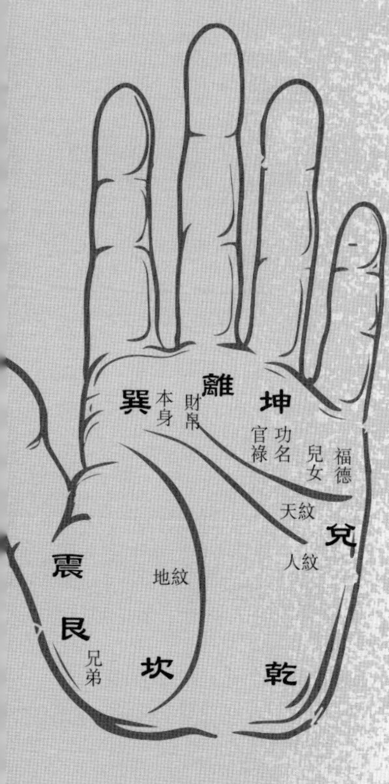

中國相法注重身形與手形的配合，有「手長則貴，腳長則賤」的說法（但西方人則不在此限，因中國古時已有「東不相嘴，西不相腿，南不相天，北不相顴」之說法，早已言明看相要加上民族特質，如日本人牙齒多不整齊，但不以為凶；西方人多腳長，故亦不以為忌）。又以身長腳短為佳，身短腳長為賤。

手掌與手肘之比較以手掌為龍、手肘為虎，但只可龍吞虎，不可虎吞龍，說明手掌長於手肘則貴，手肘長於手掌則賤。

但一般人之手掌與手肘多長度均等，沒有太大分別。（見圖一）

又人大掌要大，人細掌要細，為正常合格之象。如人細掌大，則手工仔細，但賺錢能力平穩；而人大掌細，則人較謹慎，利於策劃籌謀，但流於膽小。

古法論掌

古訣之相法、手相之記載不多，且大多互相抄襲，而本人大膽在此加以整理，旨在去除蕪雜，以供後學者參詳。

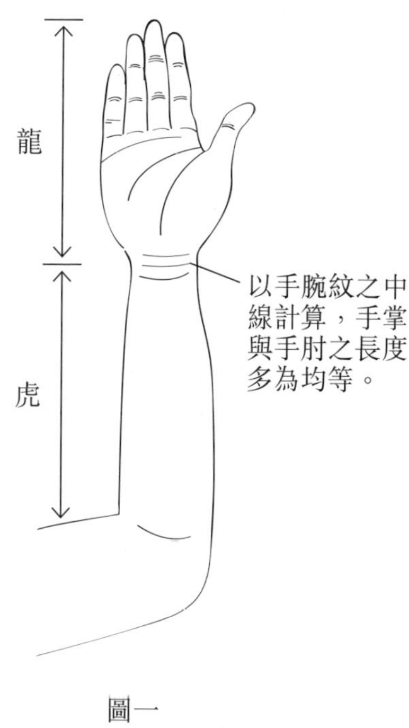

圖一

古法論手

古法論手（一）

論四肢

夫手足者、謂之四肢、以象四時、加之以首、謂之五體、以象五行、故四時不調、則萬物夭闕（閼）、四肢不節（節）、則一生困苦、五行不和、則萬物不生、五體不稱、則一世貧賤、是以手足猶木之枝、幹節多者、則不材之木也、故手足欲軟而滑淨、筋骨不露、其白如玉、其直如筍、其滑如苔、其軟如綿者、富貴之人、其或硬而麄（粗）大、筋纏骨出、其麄如土、其硬如石、其曲如柴、其肉如腫者、皆為貧徒矣。

論手

手者其用所以執持、其情所以取舍、故纖長者、性慈而好施、厚短者、性鄙而好取、手垂過膝者、間世英賢、手不過腰者、一生貧賤、身小而手大者福、身大而手小者貧、手端厚者福、手薄削者貧、手麤硬者下賤、手細軟者清貴、手暖香者清華、手臭汗者濁下、指纖而長者聰俊、指短而禿者愚賤、指柔而密者積蓄、指硬而疏者破散、指如春筍者、清華富貴、如鼓槌者頑愚、如剝葱者食祿、如竹節者貧賤、手薄破如雞爪足者、無智而貧、手倔強如蹄者、愚魯而賤、手軟如綿囊者至富、手皮連如鵝足者至貧、掌長而厚者貴、掌短而薄者賤、掌破而圓者愚、掌軟而方者福、四邊隆起而中凹者富、四畔薄弱而中凸者財散、掌潤澤者富、掌乾枯者貧、掌紅如噀血者榮貴、黃如拂土者至貧、青色者貧苦、白色者賤、如掌中心生黑痣子智、而掌中四散多橫理者愚而貧也。

古法論手（二）

相手詩曰：貴人十指軟纖纖，不但清閒福自添，損折定非君子相，凶愚可斷不需嫌。

大抵人手欲軟而長、膊欲平而厚、骨欲圓而低、腕節欲小、指節欲細、龍骨欲長、虎骨欲短、骨露而粗、筋浮而散、紋細如絲、肉枯如削、非美相也、昔在王克正死、身後無子、其家修佛事、惟一女跪爐於像前、陳摶入弔、出語人曰、王氏女、吾雖不見其面、但觀其捧爐、手相甚貴、若是男子、白衣入翰林、女子、嫁即為國夫人、後陳晉公為參政知事、無妻、太宗敦諭再三、遂納為室、不數日封郡夫人。手垂下膝、蜀先生劉備、身長七尺五寸、垂手過膝、目顧見其耳、手白如玉者、貴、手直如筍、福壽、手滑如苔、福壽、龍長虎短、臂至肘、名龍骨、象君、欲長而大、肘至腕名虎骨、象臣、欲短而小。

古法論手（三）

玉掌記

相掌之法。先看八卦。次察五行。指有長短。掌有厚薄。或見星辰應於文脈命中。華蓋掌上分明。或成文章玉樹。〉結角紋。◎日羅紋。ⅩⅩ隻魚紋。凸玉階紋。＃金井紋。||||飛針紋。>>>>雁陣紋。⌒偃月紋。ꩠ雲環紋。⁘⁘南星見於中宮。⁂北斗列於正位。ᕱᕱ禽獸紋。✡或作龜紋。以上此等異紋為貴。九羅生於八卦。□定為列土諸侯。一路二路。穿過三節。乃是歸朝宰相。離宮五井。卌必為一品之官。掌心印紋。口定主諸侯之位。錦紋噀血。貲財百萬。掌軟如綿。文武雙全。紋橫一路。其人必棄於市。中指生兩節。此輩終亡於途路。骨重定主高明。紋奇但掌小爵。浮筋露骨。身樂心憂。腫節漏風。神昏意懶。五常紋見。投水自縊。結喉紋如覆船。（溺水而死。鞭節亂紋。而決徒遠方。羅網四門。（註：乾坤艮巽。）而投身健卒。

心虛者其紋必顯。心昧者其理不明。至於乾宮高聳。生長子之權豪。坎位高堆。受前人之庇蔭。艮宮剋陷。損子父於初年。震上高朝。置田宅於一世。巽宮散亂。多為遊蕩之徒。離位突高。必作功名之士。坤宮帶破。招兒女以凋零。兑位有傷。定夫妻之鰥寡。冷黃似水。平時多夢陰人。煖色如丹。到老少逢疾苦。甲如銅瓦。脱灑心神。甲似瓜皮。沉昏神氣。甲薄者命年位促。甲厚者壽算延長。甲尖者小智。甲破者無成。甲明潤則財穀豐盈。指尖長則文學貴顯。高張華蓋。平生智出於眾人。尖起三峰。限數福生於晚景。有紋無掌。晚年衣祿平常。有掌無紋。早歲貲財散失。掌平手薄身賤。指甲皮乾肉枯。命孤而夭。手大指小。浮蕩難聚貲財。掌細面寬。榮辱艱辛不免。節如雞卵。一生多得橫財。掌似燕巢。萬頃富饒田產。掌有堆峰宜福厚。腕無孤骨主官榮。田畔相近。三限俱良。凶吉需決。貴賤以分。學者精詳。萬無一失。

古法論手（四）

夫相掌之法。最要推詳。參陰陽造化之元機。識天地生成之奧妙。故云一掌之中。立定萬機在內。五指分定於五山。四沼配明於四瀆。一龍中虎。左乾右坤。究生死於子午卯酉。定貴賤於清濁端斜。以大指為父母出身之基。中指為天地生成之主。一生衣祿。食指可究分明。百歲妻房。名指需知刑剋。壽紋旆帶。當推小指定休咎。息螟嗣嫡。必究兑宮而洞曉。莫言爪為末節。需要仔細參詳。尖薄而明。貴必居於清要。秃厚而黑。富不免於濁豪。指短爪長。有閒錢而享閒福。指長爪秃。無俗態而有俗慮。如倚瓦者。必多學以多能。似瓜皮者。必多謀而少就。紋理上生。幼多學而長成名。大小不端。少孤獨而老鰥寡。龍掌要不露爪。鶴掌要不露筋。龍虎獨嫌於吞啗。乾坤又恐於顛危。吞啗則自己災迍。顛危則六親隔角。紋斷不一。有淺深厚薄之殊。色見無差。有聚散浮沉之異。面紋易識於背紋。掌相難明於心相。

再論

掌軟如綿。受享清閒之福。掌紋似錦。必為超達之人。十指金螺。現在金杯玉盞。指掌雙印。將來銀甲錦袍。紋成玉階。前為公輔之器。掌有金井。定見端揆之才。手濁掌粗。困苦之輩。指偏沼漏。漂泊之流。世代簪纓。掌中坎離既濟。滿門福澤。手內乾巽豐隆。人濁手清。尚多藝術以延壽。人清手濁。縱有資財而夭年。手濁指粗。功名莫問。掌黃骨硬。貧賤何疑。背負肩磨。皆因腳長手短。形苦身累。實乃龍弱虎強。乾位陷低。好飄蕩而敗業。女紋穿破。因酒色以亡家。八卦不隆。志雖高還居陋巷。四沼俱漏。眼前好終落窮途。至老凶亡。可憐掌中獨骨。中年蹭蹬。只是指節多紋。大指獨小。猶恐出身微賤。五指偏長。需知在室孤刑。食指偏斜。縱有功名而奔走。手骨粗露。枉多子孫以貧忙。高才多譽。料得手似春筍。短命無智。誰知指如鼓槌。生來惡形。手定硬禿黃濁。得成奇相。指必清秀端平。骨露筋浮。六親何能相顧。掌薄指削。一世怎得聚財。織錦之紋。福祿皆由祖庇。噀血之掌。財源出自天來。十指截齊。非愚頑而便貧夭。兩掌俱斷。嗟骨肉而大刑傷。手背伏龜。家興而祖業廣。掌心窩卵。財盛而自創多。

古法論手（五）

手足者。關乎一身之得失。外通四肢。內接五臟。觀五行而配合，分形局以辨魚龍。五行不合，則萬物不生。形體不稱，則家業難成。觀手之法，非取一端而可定。先觀掌之細膩、端方、偏削，硬薄。次察紋、脈、氣、血之根蒂。再揣摩骨肉之平和。量其指頭之長短。然後看浮筋露節之凶情。方可定矣。萬金書云，紋如南星，現於中宮，列土分疆。北斗。列於中宮。貴為天子。九羅生於八卦、五井現於離宮。

官居極品。掌心印紋。乾宮方印。定為天師、文聖。文秀如錦。滿掌噀血資財百萬。巽離坤、三峰高起家財金玉千箱。紫龜紋、金井紋、玉階紋、雲環紋、六花紋、棋盤紋皆主富貴兩全。三才紋，如散亂沖破者主一身少成多敗。如夜叉紋、橫死紋、刀字紋、枷鎖紋、尖角紋、棺板紋、覆舟紋、散亂紋，此皆主貧窮凶夭。

古法論手（六）

掌有八卦，而最緊要在巽離坤三宮。巽主財帛，離主功名，坤主子嗣。巽為福，離為德，坤為祿。

掌心為明堂宜平、宜坳。忌卸、忌突、忌暗、忌筋。指為龍，掌為虎。指長固佳仍求相配。

木形之指乃長其餘不能盡長也。

紋多固妙，或少亦宜。

木形之掌乃多紋其餘不盡多紋也。

肥人掌厚，瘦人掌薄。肥人掌密，瘦人掌漏。

指罅疏也。

瘦人掌厚，主吝嗇。

勤儉生財。

肥人掌薄無財，掌背豐而筋不露，身逸多金。掌心紅而坳不瀉，富足有餘。露筋者勞碌。露節者耗財，掌小者貴，掌大者勞。甲宜健主有膽，甲如鎚無能。節過大主性懶，紋縱橫主心雜，此掌中之大概也。

惟掌紋宜深秀。

深者現秀不粗。

成字、成令、成印者，俱宜，無名指下有紋沖。近坤位是也。功名必有。正路異路多有此紋。

末指下有紋沖異路亦榮，直紋多，人必聰明。橫紋多人必心紛。指節多橫紋主清貴，直紋主清靈。

乾位豐圓，紋不破，祖業可居。坤位缺陷，紋多沖，多貪花柳。紋溢掌旁多好用，紅聚掌內運必通。

掌宜配面，掌長者面必長。掌小者面必小，掌方者面必方，掌短者面必短。掌圓者面必圓，掌厚者面必厚。如不合配定從生剋以推詳也。

掌又宜配身，亦如面宜配身，均同一理耳。故云，身瘦面宜瘦，身配面要配掌。能身面配，富貴辨精微。

又云：頸短面長不利子，面短掌長不利財。身長頸短命必夭，膊聳頭縮壽早傾。宜身掌面皆宜配合矣。

又凡掌大者、長者、粗者，皆主勞碌之人。圓者、厚者、小滑者、軟者，不露筋節者，多是富貴之輩也。可不知乎哉！

古法論手（七）

指節欲其纖直。腕節欲其圓勁。厚而密者、謀必有得。薄而疏者、心多不稱。勢若排竿貴可羨。色如噀血富可競。身卑才薄、涉中滿而起傾。祿厚官榮、有駟馬之形勝。橫紋下愚。縱理慧性。骨露筋浮者心憂身賤。皮堅肉枯者愁囊罄。家殷而黑子斯明。用足而橫紋乃亘。富貴之相、若苔之滑、而綿之軟。壽安之人、如筍之直、而玉之瑩。

第三章 掌型

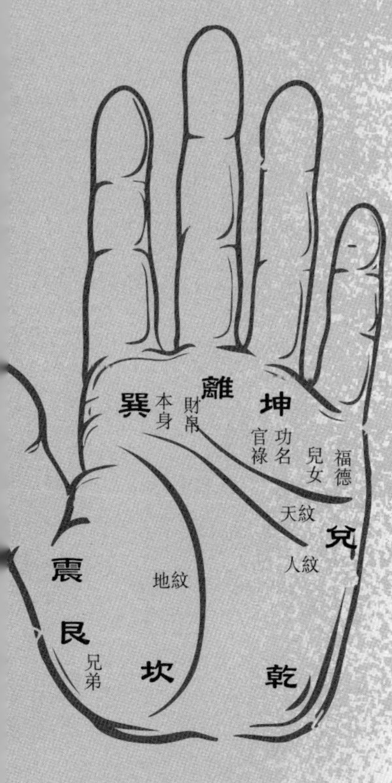

中國掌相之掌型主要分為五大類：（一）金型掌；（二）水型掌；（三）木型掌；（四）火型掌；（五）土型掌。

中國掌相之型質要配合身形來參看，如人大掌大、人細掌細為正常；但如人細掌大為勞碌相，人大掌細則以富貴論之。且又要與體型之五行相配，如木型掌，掌瘦指長，為文學型、思想型之掌；但如配上身體圓肥肉厚，則為掌面不配，這樣難免富貴有差。又如掌肥大肉厚為水型掌；但如配上高瘦面青之木型人亦為掌面不配，其行為舉止必然表裏不一。故中國掌型注重表裏一致，即代表思想言行一致，不會出現偏差，這一點與現代的掌相不謀而合。

（一）金型掌

即西洋掌相之四方型掌。如指、掌形端正，手指挺直，代表其人做事能幹。又金主義，故其人重誠信，有義氣。但如掌粗肉硬，則為金型破格，一生難有所成，且多為販夫走卒或誤為流氓。

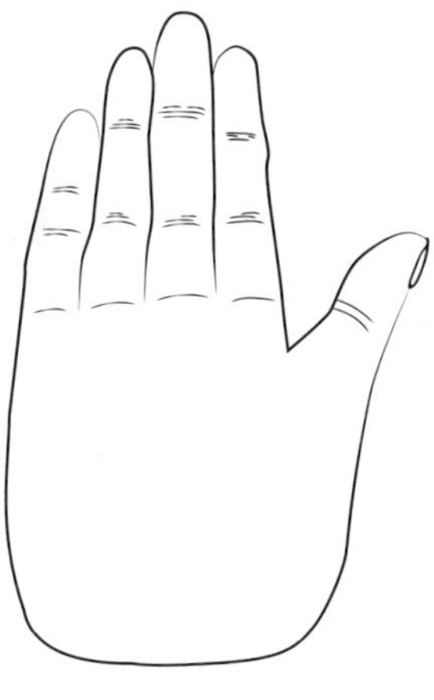

（二）水型掌

即西洋掌相之圓型掌，手掌圓肥肉厚，不露筋骨，為水型掌之格。而水主智慧，代表其人有智慧、謀略。但如手背露筋露骨則為破格，為勞碌之掌。

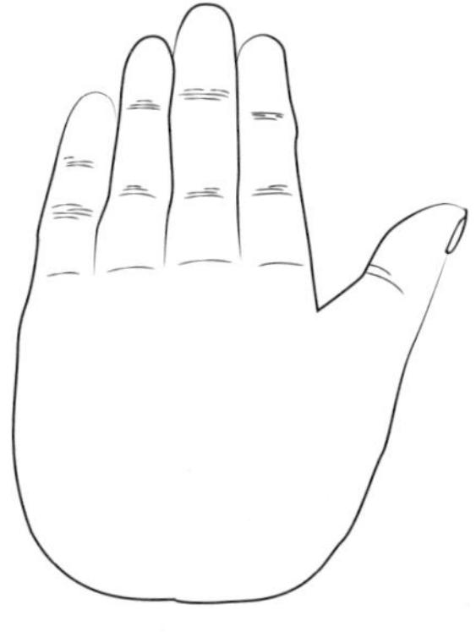

（三）木型掌

即西洋掌相之哲學型掌，掌形不厚，指瘦而長，指節顯露，掌紋少而且清。如掌紋不亂，代表其人思考能力高，有高深脫俗之思想。又木主仁，故其宅心仁厚。但如掌紋多而亂，指形不端則思想情緒常陷於混亂之中，為木型掌之破格。

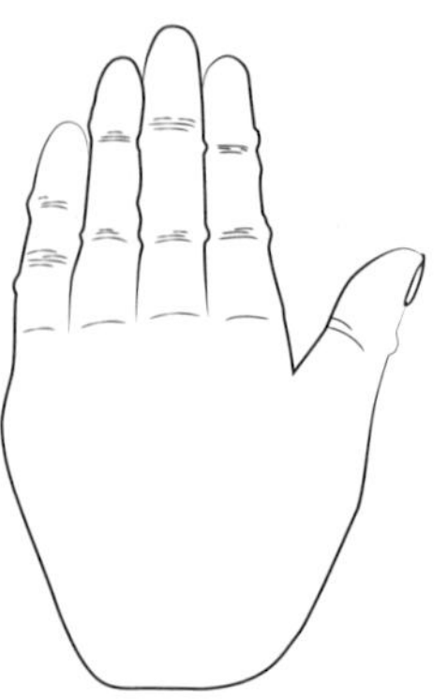

（四）火型掌

即西洋掌相之尖型掌，掌瘦窄而指尖長。其掌紋細而多，常呈混亂之狀，紋理難辨。五行火主禮，故其人較重禮儀，但因火型掌掌色較紅，而掌紅主為人性格急躁，故脾氣有時會突然爆發，故以粉紅色為佳。如指形屈曲則為破格，再加上紋理深多且亂，則為勞碌之格。

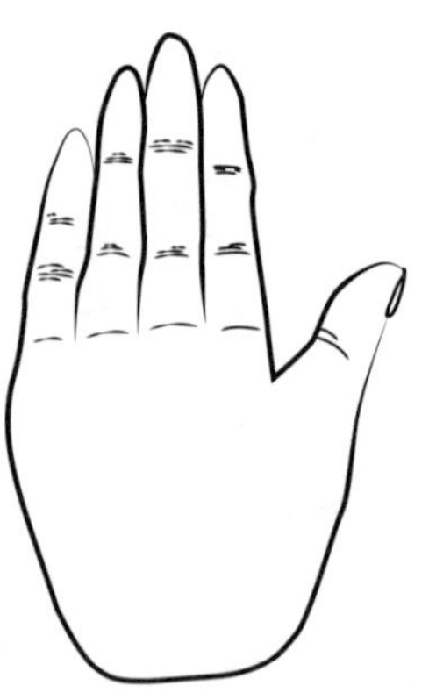

（五）土型掌

土型掌與西方之七種掌型，並無吻合之處。土型掌之掌形在方圓之間，方中帶圓，圓中帶方。此掌掌肉厚而有彈性，掌色微黃，手背有肉，不露筋骨。五行中土主信，為信實無欺。但如掌厚肉硬，背露筋骨，則為土型破格，難免一生勞碌無成。

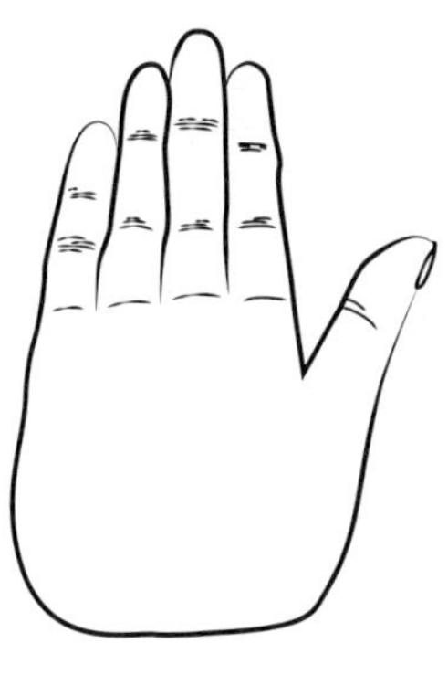

以上五種掌型為基本型，其他尚有金水型、水木型、木火型、火土型、土金型，甚至不入型、不入格；但在判斷之時，實毋須執著於何種型格，因以上所定之型格純粹是為了方便各位讀者易於入門而已。

其實判斷掌相之時，並不會因找不出其屬於何種型格而令判斷有所偏差，因掌型之變化極多，根本難以逐一歸類。故在觀察之時，只要了解每一種型格、特質，再混合判斷，自然會得心應手。

總論

但看掌不管屬何種型，大抵以掌白、紋清、肉軟、指長為佳；否則儘管入型亦難免勞苦，一生不閒。

又掌形只是其中一種參考，故即使能歸入一種型格，亦不代表一定會成功、出人頭地，因為還需要察看掌色、掌肉、手指以及掌紋，再經綜合判斷分析後，才可下定斷。

古法論掌形（一）

軟方為富。長厚為貴。硬圓則勞而愚。短薄則貧而賤。四畔內高而中坳者。官財雙旺。四畔瘦薄而中平者。賤而多耗。色需潤澤乃發。紅如噀血尤榮。乾枯必敗。昏若塵土及青白者。皆賤相也。心背肉色。以一般者為上相。否則只需心白背黑。亦主富貴。反則必貧。肉與骨能相稱者為上相。肉多祿多福少。骨多福多祿少。故肉厚必皆富有。而骨重亦主高官。若露骨者。六親無力。露筋者。為人辛勤。非上相也。大抵掌大。掌圓。掌寬。掌粗。皆犯勞碌。掌長。掌厚。掌軟。掌滑。掌小。掌不露筋骨。皆是富貴。

惟相掌宜重五行。金也端方。木也瘦長。水也圓肥。火也尖紅。土也厚實。各有格局。各有生剋。所謂指長固佳。仍求相配。紋多固好。或少亦宜。土不忌粗。瘦不忌漏。要宜配面配身。揣局而定。

古法論掌形（二）

鬼谷先生曰。論掌要訣。最要緊者。重在五行、合格不合格為主。相中、論指頭修長、紋秀者。貴。殊不知土形人。取在圓厚重實也。如指掌細長者。乃不合格局也。相中、取指掌玉圓充實者。吉。殊不知木形人。取在紋脈修長、瑩瘦為合格。如指大而掌重實者。又為不合格之木形。利如好處。亦不能至大富大貴也。總之。金形取指掌端方。木形取細瘦紋秀。水形取指掌圓滿。火形取指尖紅活。土形取指掌厚重。反此者。俱為不稱不合格局之相。有等人。身肥大、面圓滿、為水形。手薄細、而指尖長者。乃為不稱之水局。有等人。身瘦長。面細秀，為木形。手厚重，而指粗大者。又為木局之不合格。所以麻衣老祖論曰。面貌者根本也。手掌者。枝幹也。相法雖然論手。亦必須合面部而觀之。十不失一也。照膽經、辨手之法。又有一論。亦有好處。重於手紋、而不重於面相者。何以定魚龍也。常見貴人之相。手粗紋粗者。何也。土形人。不忌紋之粗厚。而無紋。但必眉目英發。雖貴而主多勞也。常見俗人之手。紋細、紋秀者。何也。木形人合木形。木形本局合也。但嫌眉目不秀。未得秀氣不能貴。雖居白衣。亦清閒之福也。總之觀手之法。必要分五行之肥、瘦、短、長。合格與不合格。及細察眉、目、聲、氣之清濁。然後定貴賤者。無漏矣。

第四章 掌色與八門

（休、生、傷、杜、景、死、驚、開）

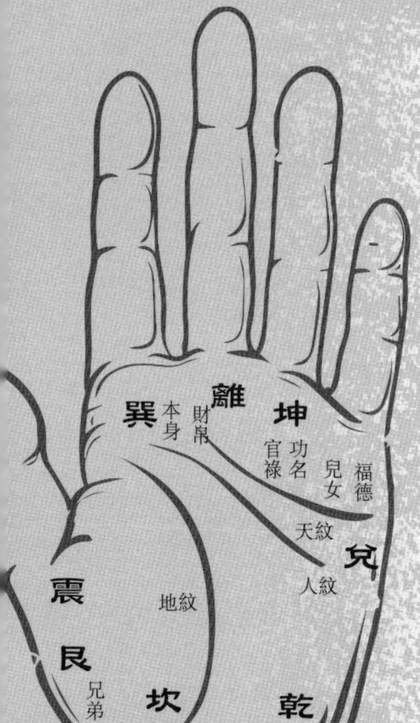

掌色

中國相法，最重掌色，除顏色以外，還要察看每日氣色之變化。但不論何種顏色，皆以明潤為佳，枯黃暗為凶。顏色潤澤，一生必有所成；顏色枯黃或暗，則勞碌一生，男皆辛苦，女則難靠夫。

潤白

一生得貴人扶助，必為富貴之人，然貴大富少，但大多早登青雲路，成功多在三十五歲前。

粉紅

僅遜於白，亦為上佳之色，平生近貴，一生少勞多功，易得成功，女亦旺夫。

潤紅

掌色紅潤，必為富貴之人，然富大貴少，一生不得清閒。淺紅尚好，如血紅則為人性急且躁，難得人和。雖為人重義，但知心朋友不多，一生凶險亦難免較多。

瘀紅

掌紅色暗，毫無光澤，乃勞苦難成之象，大多朝不保夕，屬難有大成之相。且為人性急，脾氣躁，不得人和。其人無忍耐力，雖能在逆境時堅守，惟人緣差，易因小事與人爭執，故易見爭吵、打架之事，意外損傷在所難免。宜修養身心，尤其駕車之時切記心平氣和，才能免意外之險。

塵土

即枯黃色，為終身勞碌之相，即使加倍努力，亦難有大成。唯有腳踏實地，學一門手藝，或從事大機構，以保生活平穩。切勿好高騖遠，不踏實地，弄致走入困境。

青黃

體弱多病，意志不堅，即使有雄心，亦無體力去支持，故宜多鍛煉身體，強壯筋骨，望能提升運氣。

青白

膽小體弱，如驚弓之鳥，每事皆疑神疑鬼，捕風捉影。常常會想身邊的朋友都

對他不好，好像每一個人都在針對他，一生都把整副精神用在虛想之上；如掌薄、紋花則更嚴重。唯有多做帶氧運動，強壯其身體、意志，以令掌上碎細之紋漸漸減少，不致一生處於驚恐之中。

青

不論何種顏色之掌，有時都會浮現青筋。但如一年四季都是帶青的話，腸胃消化系統必然出了毛病，以致常常肚瀉。又青代表虛驚，故掌青之人，一生難免常有虛驚，容易怕黑，不敢一個人獨處。如加上指形尖而手指歪曲，則更嚴重。

八門

即休、生、傷、杜、景、死、驚、開，而八門配八宮為坎、艮、震、巽、離、坤、兌、乾，用以觀察不同部位氣色之吉凶影響。

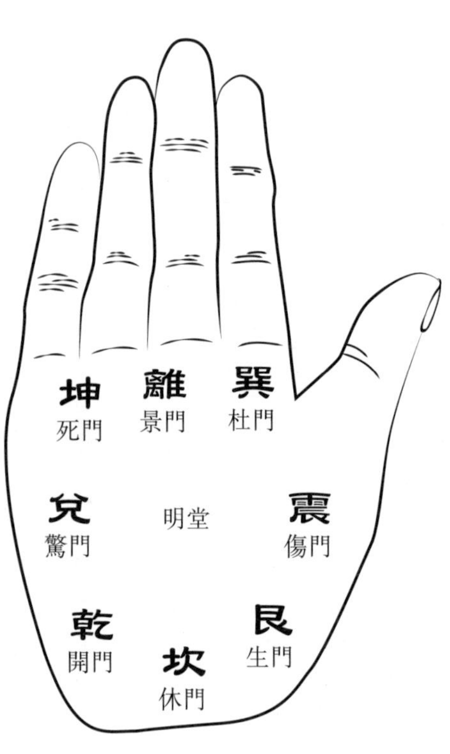

休門

即坎宮，坎屬水，又主祖業，屬腎。氣色最利白潤，為金生水，主腎氣足。又體質強健，自然諸事順利；最忌者為枯黃，為土水相剋，腎弱，自然體弱多病，諸事難為。

生門

即艮宮，艮屬土，又為兄弟宮。氣色紅潤，主兄弟朋友得力，最忌者青暗，主兄弟朋友不力，又主腹疾、破財。

傷門

即震宮，震為木，又為田宅宮。如氣色紅潤為木火通明，主利財，白潤亦佳，最忌者為枯白，主金剋木，不利田產。

杜門

即巽宮，巽屬木，屬臀，又為財帛宮。巽宮紅潤，為木火通明，財帛有利，潤白亦佳，最忌者為枯白，主退財，灰暗亦差。

景門

即離宮，離屬火，又為官祿宮。如氣色微紅，主官運亨通，最忌者為黑暗，主水剋火，恐有掉官失職之象，亦主破財。

死門

即坤宮，坤屬土，又為兒女宮、福德宮。氣色紅潤，為火土相生，白潤亦佳，為土金洩秀，皆主財利。最忌者為青暗，主木剋土，不利腹部腸胃，亦主破財。

驚門

即兑宮，兑屬金，亦為妻妾宮、奴僕宮。最利者白潤、明黃，主夫妻相合，下屬得力。最忌者為赤紅，主配偶不利，易生疾病，亦主下屬不得力。

開門

即乾宮，乾屬金，又為父母宮。最利者為明黃，潤白亦佳，主得長輩貴人扶助，最忌者為赤紅，為火剋金，主長輩不利、貴人無助、破財。

古法論色

古法論色（一）

相氣色

氣色在於掌心。一觀為定。久看則昏。古云。掌有紫色。眼下亦有之。需參同推之。青主憂驚。赤主官事。白主孝服。黑主病厄。黃主喜慶。赤色應在正五九月。寅午戌日。青色應在二六十月。亥卯未日。黑色應在三七十一月。申子辰日。白色應在四八十二月。己酉丑日。黃色應在三六九十二月。辰戌丑未日。色淡事已過。色濃事未至。黑色看起何部。若田宅部上起。則是因田宅惹事。其餘以意推之。

相掌

相掌妙訣。只在觀形察色。掌中噀血。衣祿自得。掌中噴火。衣祿無窮。掌中生黃。家有死亡。掌中生青。是非憂驚。且看精神。四時決斷。一日禍病。全在眼力。若人飲酒不可相。只在朝晨相之。開掌未可便相。少待片時神定色見相之。掌中有噀血色。主榮貴。掌白如面者。主起家成立。掌軟如綿者。主高年富足。掌有雜路。指上有刀剉痕者。主貧賤。掌中有痣。指上有挫路者。主少年駁雜。晚年成立。

相憂喜

面若黑。準頭明。掌紋紅潤。憂中有喜。面若光。準頭枯黑。掌乾燥。喜中有憂。女人有六甲。掌中青紅生男。黑白生女。明艷易產。枯槁難生。如懷胎。左腳先舉為男。右掌先舉為女。

相死生

人雖久病。不怕瘦削。但十指紅潤。準頭明朗。雖危不死。若天庭黑。山根青。竹衣生兩耳。髭鬚似鐵條。眼光流射出。身死在三朝。十日主甲黑。棺材紋見。朝病暮死。

古法論色（二）

掌上氣色

凡掌分四季。十二個月。若指節內、有黃臘色。內外通明。紋理紅潤。必應財帛。色重者。應橫財。色聚於何月位。主應該個月。

震宮。紅潤。主生男。色青主生女。

妻宮。紅潤。主婚娶。及生子。

巽宮。黃明。主得財。

兑宮。黑暗。妻不力。主腎衰弱。

掌心。赤燥。主驚憂。

掌心。明。作事有成。

掌心。紅、黃、透中指。主功名。

掌色。枯暗。主退財。

掌起青、白。破財、刑剋。

凡喜色初起。先聚於掌心。次發於鼻準。然後發於印堂。分散各部。浮。主未來。沉。主過去。深者。應深。淺者。應淺。遲者。應福更大。

八卦宜滿。明堂宜深。掌紋宜秀。掌色宜鮮。賓主宜配。指節宜不露。指宜明嫩。

掌宜有肉。掌背宜厚。不露筋骨。掌紋深秀。成字。成印。成令。俱宜。紋溢掌背。主破散。紋沖四指。主有功名。紋亂坤位。主好色。紋亂巽位。主破財。

古法論色（三）

掌色訣

掌色要白潤，紅色是根本，身健能任財，長壽有兒孫，紅潤如噀血，財名運不歇，
血掌勞而獲，富貴益可期，黃色最忌枯，胃腸敗血路，夢遊神經弱，失志無運途，
白色喜瑩潤，名譽定遠聞，枯白是冷積，氣血雙失本，掌色若桃花，風流學問通，
文藝顯身名，天喜多用功，掌心有黑色，烏鴉禍難測，積熱心神損，生命防旦夕，
掌上忌青光，青筋病肝臟，煩多作幻夢，陰鬱起內攻，艮上忌片白，白板禍難測，
朝見墓多凶，神脫心絕力，掌白掌背黑，優生是原則，掌黑掌背白，卑賤運且逆，
甲色要瑩潤，紅白是根本，身健無災危，營謀亦好運，甲上忌青光，男女患中風，
青黑是瘀積，旬日見閻君，甲黑是中毒，心胃絕最速，枯白無生氣，枯黃將敗肉，
白點是甲花，君心思有邪，營謀恐未順，人丁兆嘆嗟，甲底半月形，氣血有寒凝，
修身尚可補，女帶且亂經，甲上三半月，無德未敢說，血敗神氣亡，男女難久活。

古法論色（四）

掌內行年氣色論

掌行年氣色。乃天地陰陽生成之數。自大指下起。五歲一節。數至小指。共七十歲。名曰換基。又自小指起。數一百。歸中指。此元妙之機也。其行年之間。吉凶有驗。斷之無疑也。訣曰。一觀色青。色青主是非憂驚。自根基侵本身。主自己災迍。若侵大指。主父母不吉。侵小指。主子孫不吉。侵食指。主破財。侵無名指。必主骨肉遭殃。紅色一片者。主生災病害身。官事頻來。紅點者主財氣興旺。如噀血在掌中者。平生少病多財。手背生黃及指甲皆黑。並掌黃色。主喪亡父母之兆。

掌肉色論

夫手掌之肉。分春夏秋冬四時之氣。春潤夏濕。秋清冬燥。得其正者。必然清高。手背筋露肉堅。為人辛勤。筋藏肉積。真實多財。若夫夏燥而冬濕。必貧賤愚癡。大抵手掌手背。一般肉色。斯為上相。若掌面白掌背黑者富。掌面黑而掌背白者貧。總而言之。肉厚一寸。家積千金。

第五章

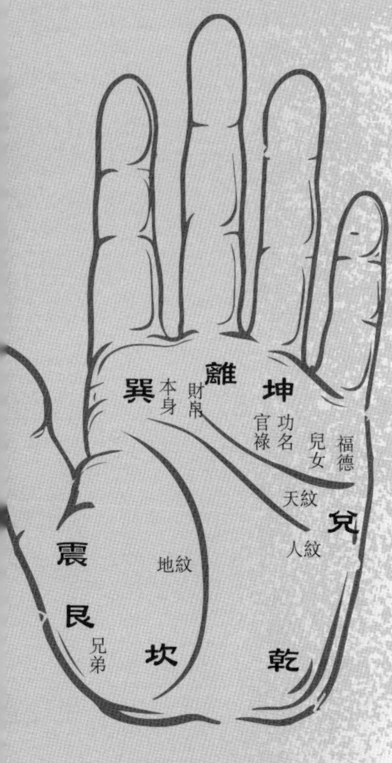

掌肉

掌欲軟而忌硬，欲厚而忌薄。掌軟而厚者，必富貴之人；掌軟而肉薄者，則衣食豐足。最忌者為硬，不論厚薄，平生必勞苦難成。男辛苦，女亦操勞，一生難得夫助，姻緣亦難美滿。

掌背

掌背宜有肉而不露筋骨，尤其人肥掌瘦而露筋骨者，最終必然破敗；人瘦掌薄而露筋骨者，平生亦操勞。

掌不論肥瘦、厚薄，不露筋骨者，平生必心逸身閒，衣食豐隆。露筋而不露骨或露骨而不露筋者，皆平常辛苦。

故掌厚而肉軟且掌背不露筋骨者為最上；掌肉薄而硬、掌背露筋又露骨者最差。如加上掌色暗瘀、枯黃，則必為貧苦無成之相。

古法論骨肉（一）

掌長而厚者貴。掌短而薄者賤。掌硬而圓者愚。掌軟而方者福。四畔豐起。而中凹者富餘。四畔薄弱、而中凸者財散。掌潤澤者富貴。掌乾枯者貧窮。掌紅如噀血者榮貴。掌黃如拂土者愚賤。掌現青色白色者皆主貧寒。掌之中心生黑子者智而富。掌之四畔生橫理者、愚而貧。大抵掌為虎。指為龍。指長掌短為龍吞虎。所作皆成。掌長指短為虎吞龍。凡謀輒左。五指頭如一字齊者、愚而且凶。中指與掌同長短者、賢而且吉……若人瘦掌肥。人肥掌瘦。人大掌小。人小掌大。人清掌粗。人粗掌清。面大掌小。面小掌大。皆為破格。又為反常。若掌色枯晦。紋理交雜。必主愚昧孤貧。至於爪甲之吉凶。大致與手指相同。纖而長者聰明。堅而厚者老壽、禿而粗者愚鈍。缺而落者病弱。形如桐葉者榮華。形如半月者快樂。形如銅瓦者技巧。形如皺石者下愚。

古法論骨肉（二）

掌中肉論

福生於骨。祿生於肉。骨重則福重。骨輕則福輕。骨清受清福。骨濁受濁福。肉少骨多。有福無祿。肉多骨少。有祿無福。肉骨相稱。福祿雙全。

掌法秘旨訣

夫掌最要不露骨。露骨則寒。寒則貧也。大抵掌骨肉平。衣食自然有也。手若露骨。六親無力。此論最驗。凡有獨骨者。老必至凶亡。訣云。掌要軟如綿。潤如水。

紋如錦。紅如朱。熱如火。手背伏如龜。掌心窩如卵。骨節隱藏。皮寬肉厚。不貴即大富也。掌硬枯乾。色燥氣滯。筋骨粗露。不貧即夭也。掌大指小。早不聚財。掌如豬肝。軍徒難防。瘦不嫌薄。肥不嫌厚。有掌無紋。早歲資財耗散。有紋無掌。晚年衣祿平常。掌細而寬。榮祿艱辛不免。掌中黑子。家財發達。富而且貴。紋橫一路。其人必棄於市中。指生兩節。此輩終亡於途路。骨重定主高明。紋奇但當小爵。浮筋露骨。身樂心憂。腫節漏風。神昏意懶。冷黃似冰。平時多夢陰人。煖色如丹。到老少逢病苦。又交叉紋。在兩指下。主兩處根基。假子興家。異姓同居。□印紋在掌心中。主少年登科第。□棺材紋。現於艮宮。四片全者主死。又云。左斷右不斷。骨肉減一半。兩掌若齊斷。骨肉不相見。

合相格訣

人瘦掌漏。人肥掌厚。人大掌大。人小掌小。人清掌清。人粗掌粗。若軟厚紅潤。清秀細勻明朗。主富貴明良。

破相格訣

掌大指短。無事得謗。骨粗筋浮。少樂多憂。手背骨高。到老苦勞。人小掌大。只好使錢。昏粗交雜。孤貧愚昧。

第六章

掌丘

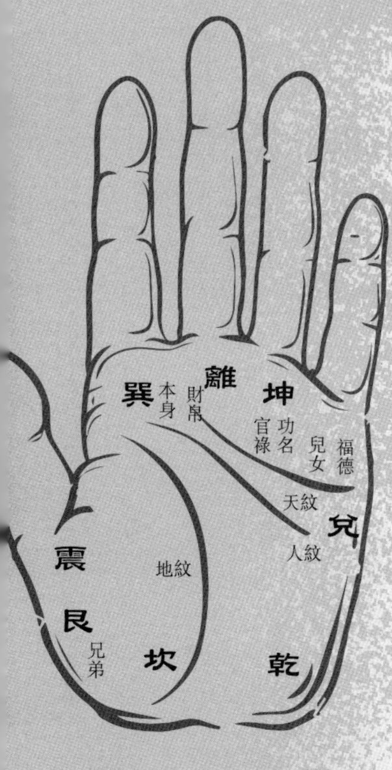

中國掌法把掌分成八個區，皆以卦來代表，分別是乾、坎、艮、震、巽、離、坤、兌，代表着六親、自身福祿、身體部位及流月氣色等。

掌丘配六親及自身福祿——

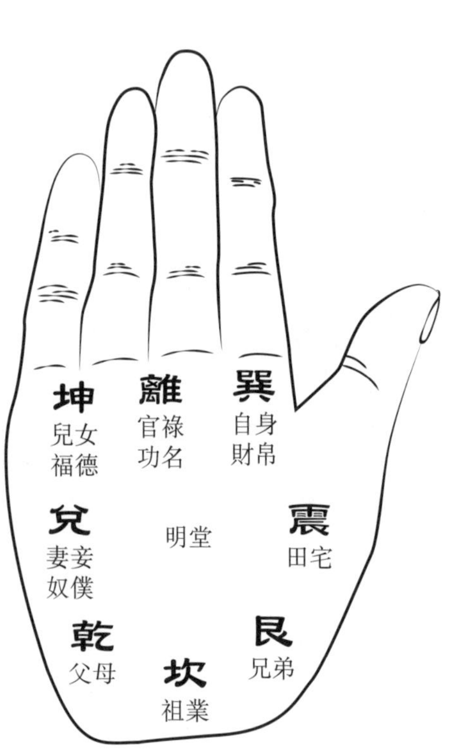

乾宮

代表父母。肉厚色白者貴，易得貴子；低陷者剋父母，尤以父為甚；有橫紋者亦然。

坎宮

代表祖基。此宮高者，有祖業；低陷者無祖業或破敗；多橫紋者，戀酒貪色，敗祖業。有骨無肉者更差。

艮宮

代表兄弟。艮為山，山不厭高，故此宮以高隆為佳，低陷為弱。高隆者，體格強健，財帛易得；低陷者腎氣不足，體弱，難成大事。艮宮高強則兄弟多，塌陷亂紋者則兄弟薄弱或不相往來。

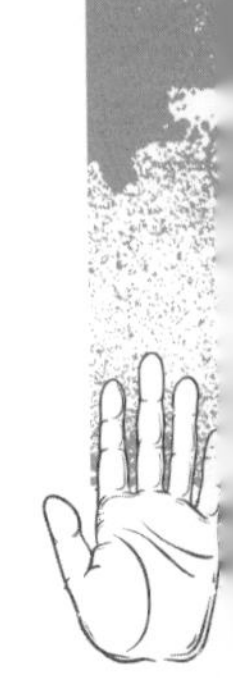

震宮

代表田宅。紅潤、高隆者易得田產，青暗低陷者田產難成。女性震宮高厚軟細者必大富，惟多不能得夫財，為自身高貴之相。

巽宮

代表財帛。高突而肉厚者，財富豐隆，發達早，又主得權；低陷者，財富難守，無實權。

離宮

代表官祿功名。高隆者，功名易得，中年尤佳；低陷者，功名財祿皆弱，中年敗。

坤宮

為子女宮與福德宮，掌管兒女緣分及晚年福祿。高者子媳旺盛，福氣自佳；低陷或帶破者，子媳凋零或緣分薄弱，晚年福祿不周。又乾宮雖為父母，然細分之，乾宮為父、坤宮為母，故坤宮破陷亦主剋母。

兑宮

為妻妾宮。豐隆、白潤、紅潤者主妻賢而有助力；破陷黑暗者，鰥寡難免，有紋如女字主得妻財。

掌丘配身體部位——

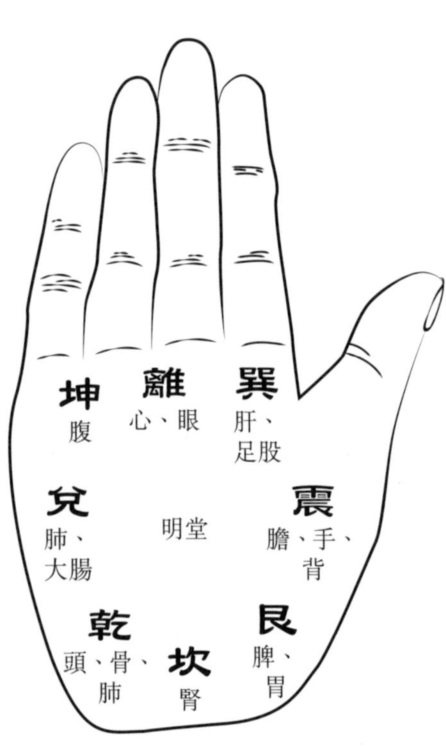

乾宮

乾為頭、為骨、為肺。乾宮低陷、破損、紋亂，易有頭部疾病；其次肺、骨易生毛病。

坎宮

坎為腎。坎宮下陷，腎氣必不足，體力不佳，記憶力差，一生難有突出表現，且易為酒色所困。

艮宮

艮為脾胃。艮宮瘦陷或帶青色，消化系統易生毛病，不是腹瀉便是大便不通，尤以腹瀉機會較高，又以女性較驗。

震宮

震宮雖代表手腳、膽，然震宮現青色亦主易有腹部疾病，腸胃較為敏感，不知是否由膽汁分泌不正常所致。

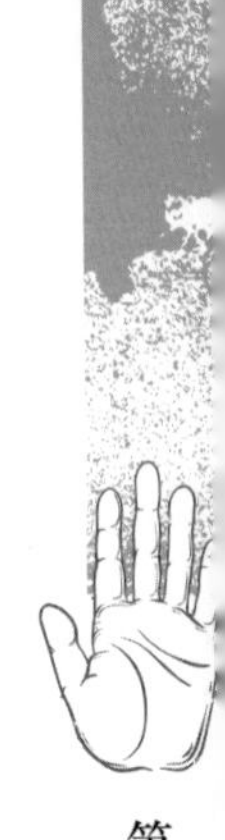

巽宮

代表肝、足股。瘦陷且氣色污暗，肝臟易生毛病，且易見足股之傷，常傾跌。

離宮

離為心、為眼，紋亂而色污暗者，心臟血液循環不佳，且易有眼疾。

坤宮

代表腹部。色暗紋亂者，腹部腸胃易生疾病；亂紋多如毛者，則主妻易有子宮病，夫亦易見泌尿系統之毛病、性病。亦代表難於受孕。

兑宮

兑為肺、為骨、為大腸。瘦陷、色暗、帶赤，代表以上身體部位易生毛病。

——掌丘配流月氣色判災病及運程吉凶——

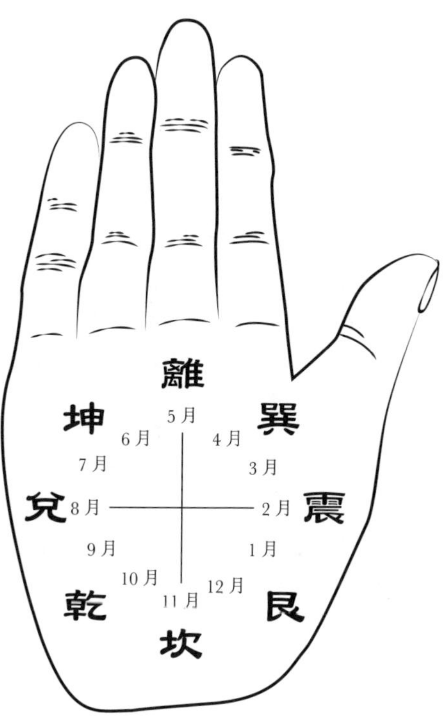

判斷流年氣色吉凶，要左右掌參看——左掌代表過去的一年，而右掌則代表未來的一年。如左掌顏色較暗，右掌顏色較明潤，則代表未來一年的運程比過去一年的運程較佳；相反，如左手氣色明潤而右手之色瘀暗，則未來一年要步步為營，切勿輕舉妄動。

又白潤為舒服得財，紅潤為辛苦得財。如白中帶青、紅中帶青，又青色只在艮方，則代表春季一、二、三月間腹部腸胃、消化系統易生毛病，大都應驗於肚瀉。如整個掌心都帶青色，則代表整年腹部腸胃皆易生毛病。

如兑宮帶青，則肺寒，主肺、喉嚨、氣管易生毛病，此多應驗於秋季。

如兑宮帶赤，則肺燥、乾咳。

離、兑帶朱砂色，主血壓易出問題，易有高血壓之症狀。

坎宮帶青、帶暗，代表腎、膀胱、泌尿系統易生毛病。女則為婦女病，主經來腹痛。又不論男女皆難於受孕，故宜多調理身體，多吃一點補品。

乾宮帶青，易有頭暈之症，皆血不能上腦之故。如乾宮帶赤，則易頭痛，易發脾氣。

震、巽二宮，雖代表膽肝，但筆者尚未能掌握此二宮所應之疾病。

又掌之氣色可以判斷整年之吉凶好壞，而察看本年及目前氣色，皆以右手為準。目下氣色，可於每天清早洗面之時，濕水以後察看手中呈何氣色。白則事事順利，且短期內有意外之財；紅潤則工作事事順利；青則憂驚；暗則諸事不順，枯黃更差。

整年氣色可以掌心（明堂）與春夏秋冬四位之氣色作比較，如掌心（明堂）明顯現白色，則整年諸事大致順利；如掌心一般，則要春夏秋冬四季獨立觀察；如艮、震二宮氣色明潤，大抵春季運程不差；如巽、離二宮氣色明潤，則夏季運程較順遂；坤、兑二宮氣色明潤，則秋季每有不錯的表現；如乾、坎二宮氣色明潤，則入冬以後運程漸佳。

古法論掌丘

古法論掌丘（一）
掌丘圖——八卦十二宮圖

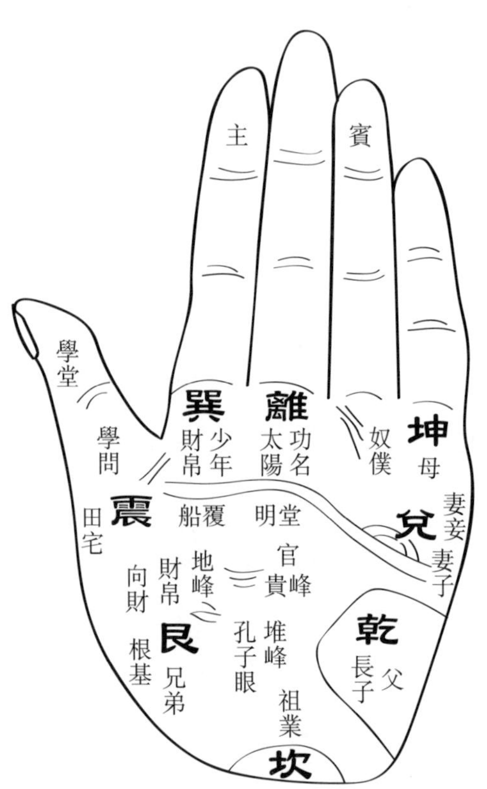

主
賓
學堂
學問
巽
少年
財帛
離
功名
太陽
奴僕
坤
母
震
田宅
船覆
明堂
兌
妻妾
妻子
官貴峰
地峰
財帛
向財
艮
根基
兄弟
孔子眼
堆峰
乾
長子
父
祖業
坎

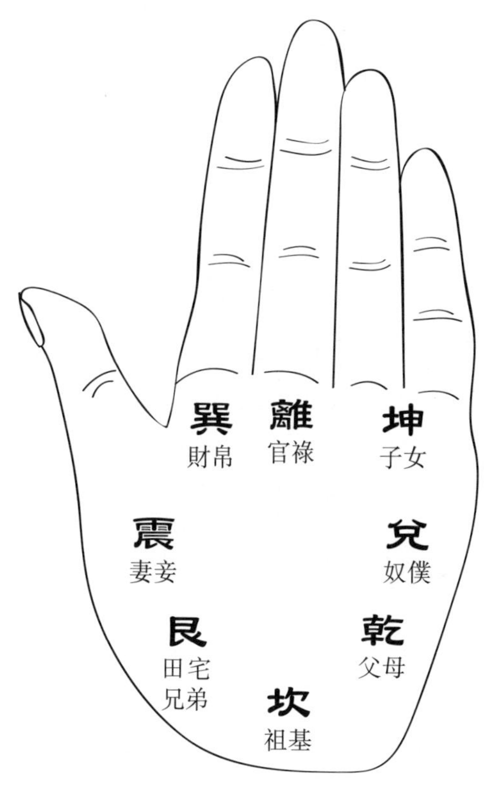

巽
財帛
離
官祿
坤
子女
震
妻妾
兑
奴僕
艮
田宅
兄弟
乾
父母
坎
祖基

掌八卦豐隆歌

乾起祖宗蔭。坎起好根基。艮起田宅旺。震起好賢妻。
巽起豐財帛。離起享官祿。坤起好子息。兌起多奴僕。

掌八卦低陷歌

乾低剋父母。坎低不受祖。艮低兄弟稀。震低損妻子。
巽低財帛耗。離低不受祿。坤低子息無。兌低少奴僕。

八卦所屬歌訣

乾為天門為父居戌亥屬金——
乾為天位主西北。包含萬象察元機。若要得知兒孫事。此位濃肥貴子推。

坎為海門為根基居子屬水——
坎地肥濃貴可尋。有紋穿上貴人欽。此宮低陷紋流散。曾遇風波水患侵。

艮為田宅為墳墓居丑寅屬土——
艮土飛針兄弟稀。縱然亦有也分離。長幼不及中年事。各自分居獨自棲。

震為妻妾為立身居卯屬木——
震為身位自居東。聳起滋紅百事通。低陷防妻有剋損。要知端的在其中。

巽為財帛為祿居辰巳屬木——
巽宮馹馬位高強。若起巒峰性必良。缺陷更兼紋又破。縱然官貴也癲狂。

離為龍為官祿居午屬火——
離為官祿鎮南方。破陷榮華不久長。此位豐隆加爵祿。看他豪傑姓名揚。

坤為福德為母居未屬土——
坤位為土位四方。怕見紋深剋陷傷。紋亂兒男終見破。更憂母位十分張。

兑為奴僕為子息居申酉屬金——

兑為僕位此中求。肥潤高起性溫柔。此宮低陷紋多破。子僕終需合不留。

中央為明堂主目下吉凶屬土——

中央深處號明堂。日中凶危此處藏。氣若明明生吉慶。色如暗黑定災殃。

古法論掌丘（二）

八卦

乾卦

方在西北。五行屬金。肥高者子貴。低者剋父母。紋上離宮。父主富貴又可白手興家。上坤宮。刑妻子。過坎宮。多棄祖業。奔走他鄉。本宮有橫紋者。難受祖業。

坎卦

方在正北。五行屬水。濃肥者主貴。紋細如絲。主現成根基。如上離宮直而不斷。是水火既濟。白手興家。不富亦貴。子孫榮昌。上巽宮。主破敗。上坤宮。刑妻子。

艮卦

方在東北。五行屬土。低者兄弟少。初年亦不利於子息。有紋上震宮。或一紋直上者。有祖蔭。上坤宮。刑妻子。有飛針紋。主兄弟少。有亦別離。

震卦

方在正東。五行屬木。聳而紅者百事亨通。田宅大旺。紋上坤宮。得賢妻而興

家。女掌本宮高厚軟紅者。奪夫權。大發富。有穿錢細印紋尤貴。若低陷紋疏。妨夫耗財。

巽卦

方在東南。五行屬木。豐隆者財旺。發達又早。有井紋印紋不出指者可住財。有三角眼紋者可發橫財。紋出指者。不住財。若紋多散亂。游蕩之流也。

離卦

方在正南。五行屬火。豐隆者官高祿厚。尤旺中年。如或缺陷。雖榮不常。

坤卦

方在西南。五行屬土。豐隆者子息旺。有女眼紋及低陷紋亂者。主刑傷。有十字紋平生得橫財。貴人扶助。有川字紋。寵妾。

兑卦

方在正西。五行屬金。凡坤兑二宮。有女字紋者。可得女財。有黑脈過艮。為棺材紋。曰催屍殺。生不全者無妨。一片災滯。二片孝服。三片多災。四片死在旦夕。如艮宮黑。或掌中黑。死期至矣。

明堂

定目下之吉凶。重在明堂。明潤者順。黃嫩者財。血點者尤旺。白如散光。無孝即敗。青黑帶滯。不病亦耗。要以血明為吉。血滯為凶。又要內外通明。掌色關係至大。面雖明而掌暗。仍為散敗之徵也。面雖暗而掌明。亦為聚興之兆也。即病

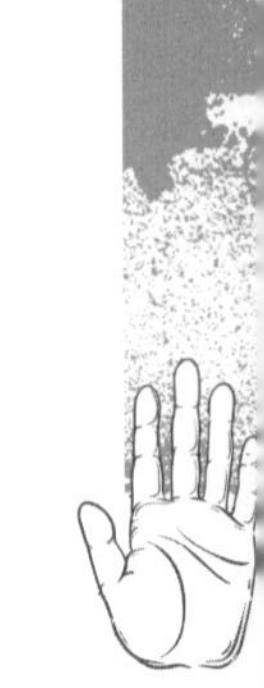

人喉發赤黑。主朝發暮死者。掌心血明。仍得有救。蓋與目神命門印堂準頭同一重要。不可忽視之也。又欲覘一日之財運者。只於卯辰之時。自觀其掌。有一點紅者。即有一點財。

青主憂驚。侵本身是自不利。侵大指。是父母不利。侵二指。是破財。侵四指。是兄弟妻妾不利。侵小指。是子孫不利。

紅分點片。片主官災。凶色也。點主財旺。吉色也。故噀血在掌。一生多財多祿。

黃分明暗。暗主凶。故背心黃而指黑者。是喪父母之兆。潤則喜慶。

古法論掌丘（三）

掌分八卦。而定其宮位。觀其氣色。辨紋脈之貴賤。排震、離、兑、坎。為春、夏、秋、冬。乾、艮、巽、坤。為四時、四門不開、則萬物夭悶。四體不端。則一生不善。明堂紅潤。喜事臨身。八卦高豐。可斷終身富貴。乾為天。管兒孫之貴賤。坎為地。管祖上之根基。

艮為丑位。管弟兄之和順。震為卯位。管奴僕之得力。中央明堂。管氣色財帛之豐富。乾宮高聳。生長子之權豪。坎位高堆。受前人之蔭庇。艮宮剋限。損子父於初年。震上高朝。置田宅於一世。巽宮散亂。多為游蕩之待。離位突高。必作功名之士。坤宮帶破。招兒女以凋零。兑位有傷。定夫妻之鰥寡。鰥通四海。容止君子。粗骨露筋。可斷其凶。掌噴火。衣食無虧。掌中噀血。財寶自得。手有仰羊。行不裝糧。形如散糠。一生快樂。

八卦圖

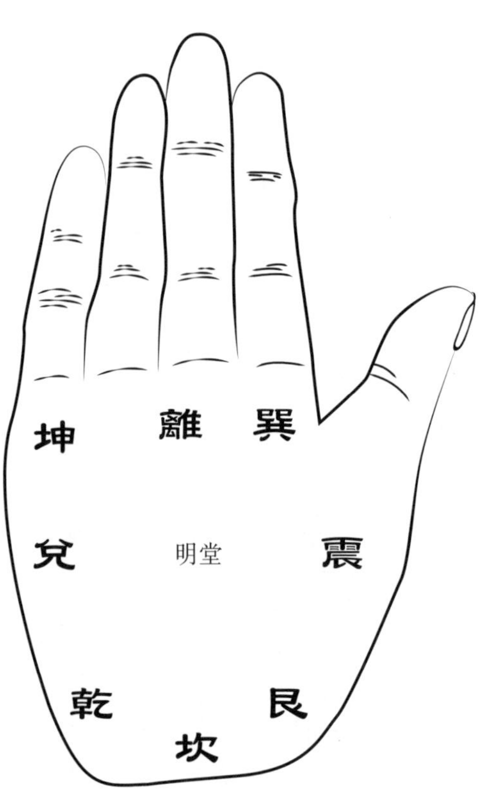

八宮基本法要訣

掌紋有掌紋之基本法，八宮有八宮之基本法，故掌紋形勢向某宮，則變其宮之性質，所以八宮性理，不可不知，而亦不可不熟記之。

乾宮應虛位權利，主希望夢想，蓋乾屬老陽，乃退身虛位也，因八卦以乾為首，故權位尚存，又以乾為天，為父，而此宮高，則夢想之希望亦高，豎紋，主虛位之秀，橫紋主夢想亦橫，故有紋立直透兑宮，名謂神秘線者，虛則有靈也，橫紋則夢想亦橫，變為狂漫非理，名謂酒色亂性線也，人紋穿破乾宮，不養老父，故父早亡，否則父子參商不睦，乾屬金，屬肺，屬腸，屬風痰，父若不剋，必致風痰而成廢人，但經驗上，父羅中風中痰而死者居多，乾宮有斜紋至巽宮，必破產，而骨肉無情，乾宮橫紋至艮宮，或基本線相接，旅行必有舟車災危，乾宮有紋向上，接文筆，必得婚家或朋友提拔成功而有名譽。

坎宮，又名海門，又名根基，乃掌首之意也，應掌祖業之位，故此宮高者，有祖業，有橫紋，則海門不通，主耽酒色，接基本線者，一生多旅行，斜紋則吉，橫紋則有舟車之危，基本線單紋者，是長子，雙紋者，次子，分紋二條者，三子，但基本線在坎宮分紋者，多兩處根基，坎宮小紋似分枝者，多移藉；坎宮豎紋向離宮，名文筆，又名玉柱紋，又名天喜紋，乃水火既濟之象，主學問技藝，又名命運線；坎宮斜紋向坤宮者，名考證線，主以外技藝及研究心，坎宮失陷成坑，主無祖業，宮中有骨起貧窮。

艮宮屬土，艮為山，山不厭高，高厚主身體強壯，應財帛多積集，平塌主身弱，敗腎少精力，意志薄弱，無財，太高對財利多野心，孜孜以利為重，由震宮有紋至艮宮者，是貴人紋，乃祖上及自己陰功積德，心術慈善之結晶所成，是世間最珍最貴之物，非金錢所能購得者。

震宮屬木，應膽力，主妻宮位，高者妻情圓滿，富進取心，塌陷主剋妻，橫紋妻情多反目，人紋從震宮內而出者，多橫暴，多酒色迷戀，亂性少修養。

巽宮屬木，應實權，高主有主配他人實力，富獨立意志，平塌少實權，斜紋主破財，紋亂亦然，從地紋起亂紋沖巽宮者，神經上多火氣多夢。

離宮屬火，主祿位，警戒，高者有名譽，平低失陷，無財祿，孤獨。

坤宮屬土，主福德，高主福氣，此宮與艮宮大略相等，在無名指位，有直紋者，名六秀紋，又名高扶，又名異路功名線，小指位掌邊，小橫紋，名家風，又名婚姻線，坤宮屬母，屬老陰，蓋乾為天，為父，坤為地，為母，除考證紋以外，有斜紋則剋母，家風位忌亂紋，有亂紋則妻情不佳，直紋從震宮而來，主結婚被人反對，中傷，家風上有小豎紋明者，一紋兒女一胎，動脈紋明者，主兒女七胎，倘此紋斷續，則主流產，或入掌內者，亦然，一線一胎，蓋動脈二字乃子宮衝任二脈也，如孀居雖

有動脈，及家風上胎數，因寡則不生產，當以家風明紋而論，但子息法，此乃終身胎數，當參究夫妻緣分為是，紋生毛者，妻有子宮病，夫淋病。

兌宮屬金，主用人婢妾之位，應色情消極位，橫紋多者，有寵幸，人紋除從震宮而來者，有修養外，餘多屬色情，反抗之情，由乾宮直來之紋，神秘靈術，虛靈之位，名神秘線，中宮又名明堂，喜深明清淨，忌橫紋斜紋，直立紋則吉，橫紋斜紋心緒煩甚矣。

以九宮性理，兼用紋法，而論人之性質，六親，命運，變化，故此各宮基本法要熟記之。

相三奇

三奇者。坤離巽突起三肉峰也。玉掌記云。掌中有堆峰。主福厚。紋突起三峰限內福增。如巽宮一峰最高大者。旺財。初年發福。離宮一峰高大者。主享高官重祿。中主顯達。坤宮一峰峻者。主有福德終吉。

三奇

巽離坤有峰。高出掌面者。曰三奇。巽高則財旺。離高則官高。坤高則子多。且巽為初主。管二十五年。離為中主。管二十五年。坤為末主。管二十五年。何宮豐滿。何限發達。（註：此需從大指下起。一節行運五年數至小指共七十歲。再自小指逆數至中指。為一百歲。定行年之吉凶。參掌內之氣色合面而斷。極驗。）缺陷則有成敗。

相心性

夫察人之心性。觀紋見掌。知掌則知心地。掌平心亦平。紋正心亦正。紋橫則性橫。紋淺機亦淺。紋深機亦深。紋多心緒多。紋少機關少。紋小見小。紋大見大。紋生斷續。易勤易懶。紋生屈曲。多疑多慮。紋深不出掌。機深難可量。

相財祿

巽宮有井紋。名關鎖。或印紋。第三大紋不出指者。主性慳吝。可主財。坤兑有女字。可得陰人財。掌中有女字端正。因女人成家。紋理穿破。因女人財。震宮有紋。主招性急多口之妻。不然。有疾。能主家。旺財物。坤宮有十字紋。平生得橫財。陰貴扶助。若女人掌震宮高厚。軟而紅潤。有穿錢劍印紋。主奪男子權柄。必大發福。低陷紋流。不可主財。仍主刑夫剋子。難為骨肉。

古法論掌丘（五）

論掌中卦位

乾屬金、居戌亥之位。為天門。為父。包含萬象。不同尋常。形勢豐滿。氣色明潤者、父蔭有餘。長子發達。形勢低陷、氣色枯暗者、父蔭不足。子孫稀疏。

坎屬水、居子丑之位。為海門。為根基。形勢豐滿、氣色明潤者、根基富有。形勢低陷、氣色枯暗者、根基貧乏。若見惡紋衝破，尤主水厄。（若坎宮有豎理紋、直上離宮者、名壽帶紋。主富貴。）

艮屬土、居丑寅之位。為墳墓。為兄弟。形勢豐滿、氣色明潤者、祖塋既佳。兄弟亦眾。形勢低陷、氣色枯暗者、祖塋破敗。兄弟參商。

震屬木、居於卯位。為立身。為妻妾。形勢豐滿。氣色明潤者、立身高尚。妻妾和諧。形勢低陷、氣色枯暗者、立身困頓。妻妾刑傷。

巽屬木、居辰巳之位。為財帛。為祿馬。（即驛馬。）形勢豐滿。氣色明潤者、財帛饒餘。指揮如意。形勢低陷、氣色枯暗者。財帛破耗。動定乖舛。若見惡紋衝破。尤差。

離屬火、居於午位。為官祿。形勢豐滿。氣色明潤者、文則加官。武則進爵。形勢低陷、氣色枯暗者、無論文武。大都拂逆。

坤屬土、居未申之位。為母。為福德。形勢豐滿。氣色明潤者、慈母康強。福德優厚。即子息亦主蕃衍。形勢低陷、氣色枯暗者、慈母疾苦。福德薄弱。子息亦主刑傷。若見惡紋衝破。尤凶。

兑屬金、居於酉位。為子息。為奴僕。形勢豐滿。氣色明潤者、子息俊秀。奴僕忠實。形勢低陷、氣色枯暗者、子息愚頑。奴僕奸詐。若見惡紋衝破。非惟子息傷亡。且受奴僕、及部下之害。

掌之中央為明堂。主目前之吉凶。掌中平坦無傷、氣色明潤者、凡謀皆遂。如有惡紋、或氣色枯暗者、立見凶危。古人云。氣色見於掌心。一觀為定。久看則昏。又云。掌有紫色。眼下亦必有紫色。掌有青色。眼下亦必有青色。需參觀之。掌中分別八卦。巽為初主。管二十五年。離為中主。管二十五年。坤為末主。管二十五年。看其何宮豐滿。即知其財祿興旺。發於何時。如有缺陷。則多成多敗。煞費精神。再驗其掌紋、以決財祿之聚散。大致紋理細密者、財祿多聚。紋理粗疏者、財祿多散。

第七章 手指

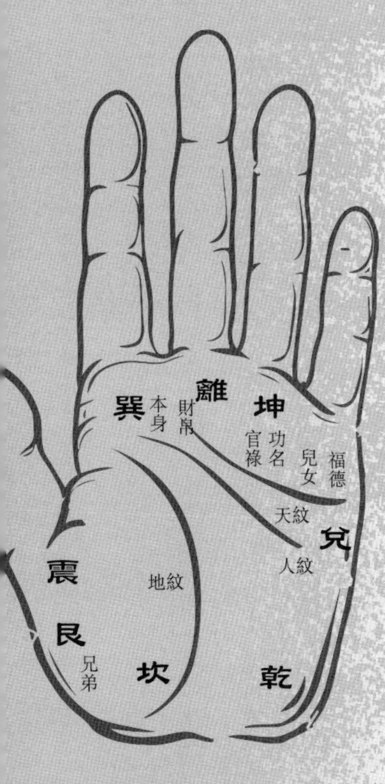

中國掌法稱手指部位為龍，手掌部位為虎，説只可龍吞虎，不可虎吞龍，意思是手指的長度比例比手掌長為佳，相反則為凶。由於古代農業社會，大多以務農或做其他粗業為活，故大多手指皆粗而短，因短粗的手指力量較強，有利於幹粗活。所以，偶爾出現一些手指較長，思想靈活，較有見地及個人意見的人，便容易得到手指短的群眾附和、認同，因而容易成為群眾的領導、代表。

但在資訊發達的社會，大部分人的手指與手掌皆長度均等，故手指較長的人也難得到優勢，有時反而不容易得到群眾的認同，變成曲高和寡。但不論古代或現代社會，手指粗短皆非吉象，一般多從事體力勞動之工作，一生難有大成。

而手指長度是以掌背之手指起點量度至中指指頭。

手掌長度則以中指基部下的一條橫線至手掌基部的最上一條橫線為標準。

又每隻手指有着不同的代表，代表着不同之六親。

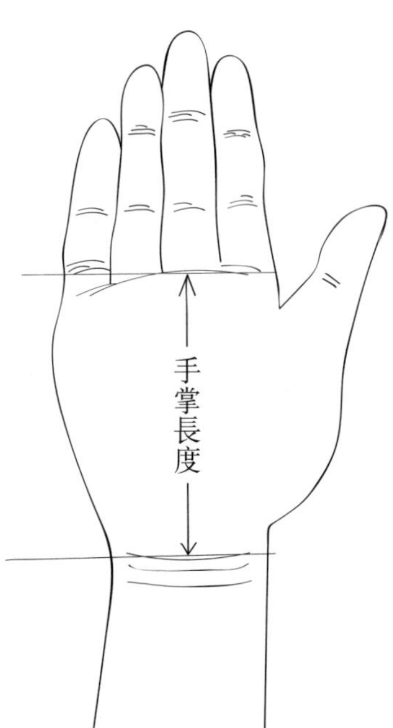

大拇指

代表父母及祖上。大拇指受傷代表父母及祖上破損、緣薄。又在自然攤開手掌之時，如大拇指與食指分開距離很大，即代表父母緣薄或自小離家。

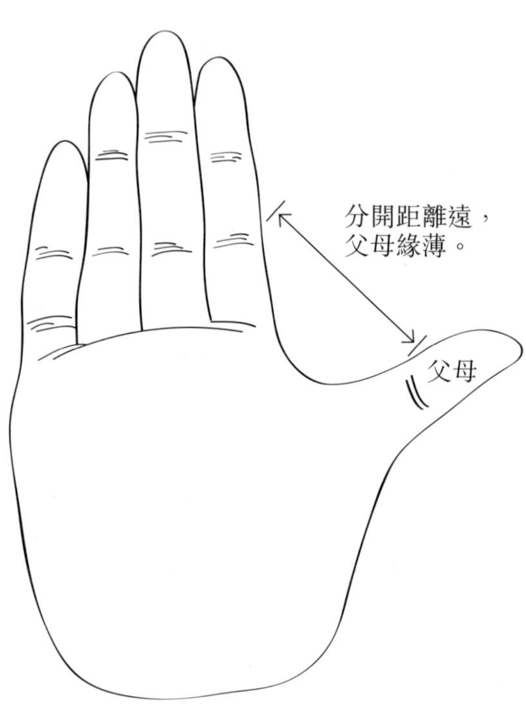

食指

食指主要代表兄弟，但亦代表父親。如食指破損，即與父親及兄弟緣薄；如食指與中指在手掌自然攤開之時明顯分開，亦代表兄弟早分離。

中指

中指代表自己，又代表母親。中指破損，主自身身體毛病較多，而母親身體亦較差或緣分薄弱。

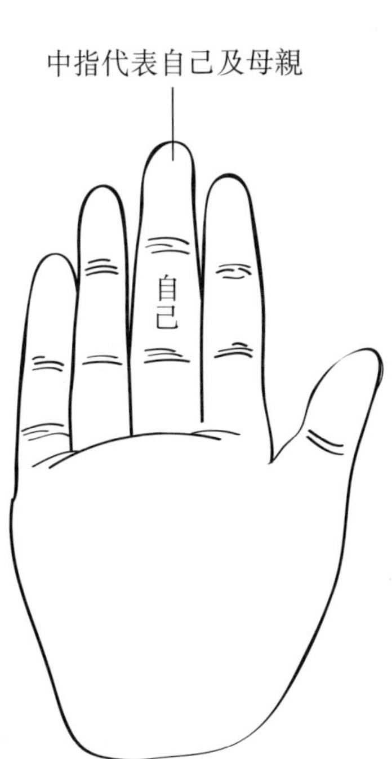
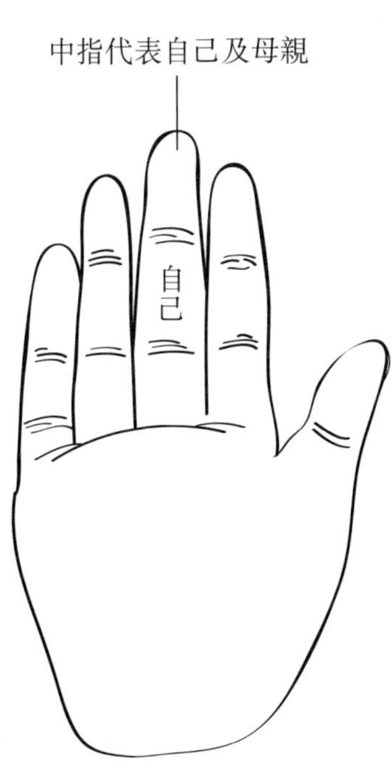

無名指

代表妻妾或丈夫。無名指破損，代表妻易體弱多病。如攤開手掌之時無名指與中指明顯分開，則代表妻緣薄弱，少見面或分離。

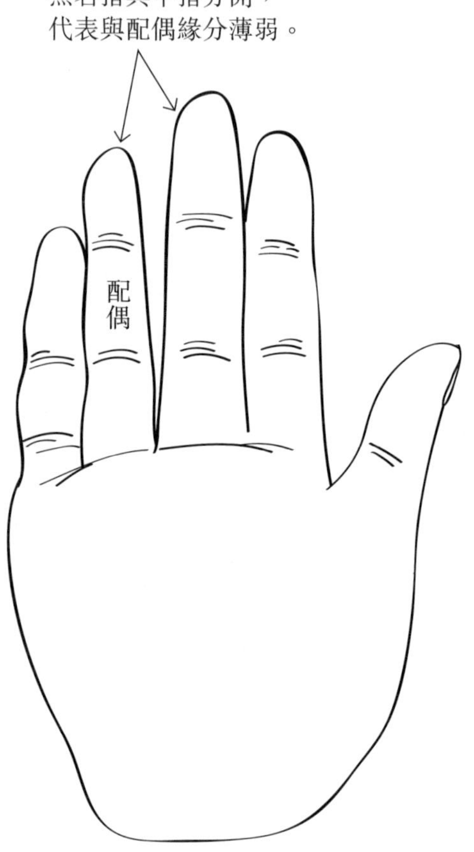

尾指

代表子女。尾指破損，子女多病。攤開手掌之時如尾指與無名指明顯分開，代表子女緣分薄弱或易分離。

又中國掌法以食指為主，無名指為賓，故食指長，無名指較短則為主強賓弱，主平生近貴，但主觀性較強；但如無名指長而食指短則為賓強主弱，代表一生常招惹小人，且為人無主見，易為他人所動搖。故以賓主指配為佳。

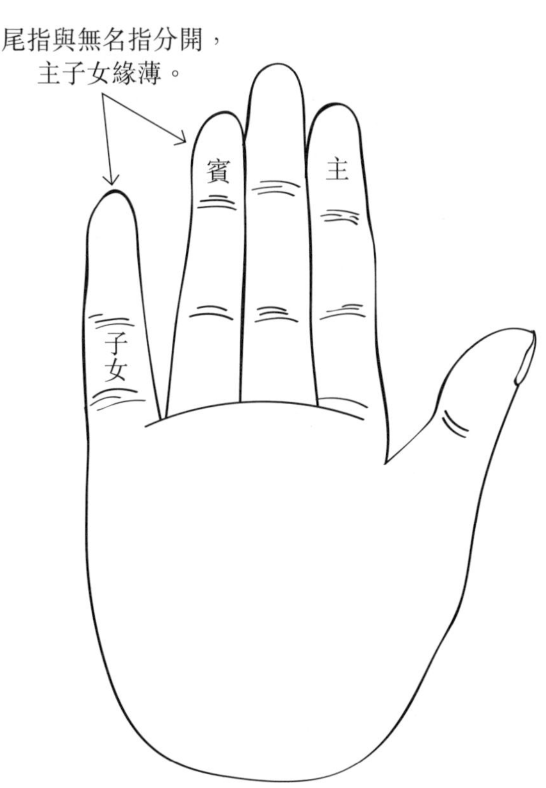

古法論指

古法論指（一）

相指掌

掌為虎。指為龍。只可龍吞虎。不可虎吞龍。四指為賓。食指為主。賓主相濟為美。二指長者。平生近貴。四指長者。小人不足。性不耐煩。掌長指短。暗惹人嫌。少年難養。五指斬傷。若或病損。亦有所主。大指破祖。二指剋父。三指剋母。四指妨妻。五指刑子。大指駢。母亦主疾苦。齒殘指甲心緒多。古云。咬甲疑人。指長紋橫紋多者。亦惹人嫌。

相志膽氣

志者在於甲。甲乃筋之餘。肝之所出。膽之所附焉。甲堅而大者。志高膽大。諸事敢為。短而軟者。志弱膽小。臨事怯懦。甲堅者心高多貪。甲硬者性剛。作事風火。甲軟者臨事懶惰。立身窮蹇。多學少成。有始無終。腫節通風。心志不定。巧中生拙。內無機關。不能藏事。紋直上而流者。口快心直。

論爪

爪之為相。亦可詳其善惡。見其賢否也。纖而長者聰明。堅而厚者老壽。禿而粗者愚鈍。缺而落者病弱。色黃而瑩者。主貴。色黑而薄者。主賤。色青瑩者。忠良之性。色白潤者。閒逸之情。如銅葉者榮華。如半月者快樂。如銅瓦者伎巧。如板尾者惇重。如尖鋒者聰俊。如皺石者愚下。

附——論足

足者。上載一身。下運百體。為足之量焉。為地之體象。故雖至下而其用大。是可別其妍醜而審其貴賤也。欲得方而廣。正而長。膩而軟。富貴之相也。不可側而薄。橫而短。粗而硬。乃貧賤之質也。腳下無紋理者下賤。足下有黑子者食祿。雖大而薄者下賤。雖厚而橫者貧苦。腳下成跟者。福及子孫。腳下旋紋者。令譽千載。腳下平如板者貧愚。腳下可容龜者富貴。足指纖長者。忠良之貴。足指端齊者。豪邁之賢。足厚四方者。巨萬之富。足排三指者。兩省之權。大抵貴人之足小而厚。賤人之足薄而大。

相足

足者相地也。要有跟。宜厚而正。閒樂官榮。橫窄小薄。辛苦惡弱。足下無紋。愚賤之相。闊大而薄。亦主貧下也。

許負相足篇

腳下龜理紋。主二千石祿位。君子之相。腳下容龜。三公封侯。腳下理長。位至公王。通心達理。三公刺史之位。腳心黑紫。祿至二千石。腳下三紋理。公王將相位。腳下無紋。法主寒貧。足薄而指長。至老沒兒郎。足中指長。客死他鄉。足蹈齊短。為人安穩。腳骨節強。妨非一兩。兼主辛苦。足厚四寸。必主大祿富貴人也。

論足圖

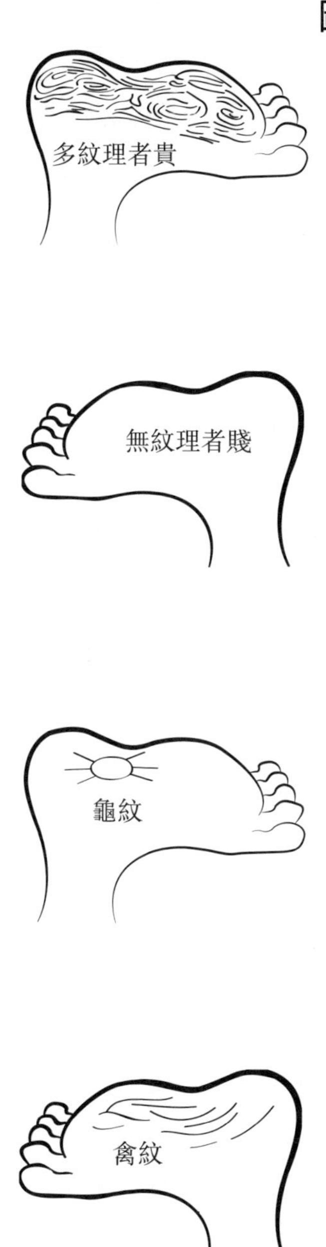

足下軟細而多紋者貴相。足下粗硬而無紋者貧賤。足下有龜紋者。二千石祿。足下有禽紋者。八位之職。足下五指有策紋上達者。兩府使相。足下有十字一策紋上達者。六曹侍郎。足下有紋如錦繡者。食祿萬鍾。足下有紋如花樹者。積財無數。足下有紋如剪刀者。藏鏹巨萬。足下有紋如人形者。貴壓千官。有三策紋者。福而祿。指有螺紋者。富而貴。兩小指無。則是也。兩小指皆有。謂之十螺紋。主性鄙吝。十指皆無紋者。多破散矣。足下有紋。大旺子孫。足下龜紋。一世清名。足下黑痣。富貴賢士。

古法論指（二）

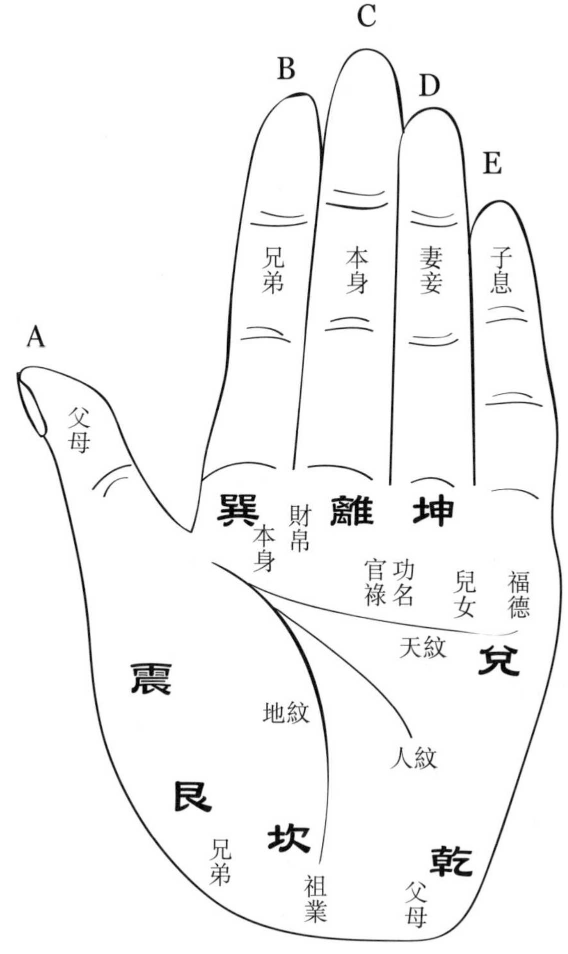

A. 此指損傷破祖

B. 此指損傷剋父

C. 此指損傷剋母

D. 此指損傷剋妻

E. 此指損傷剋子

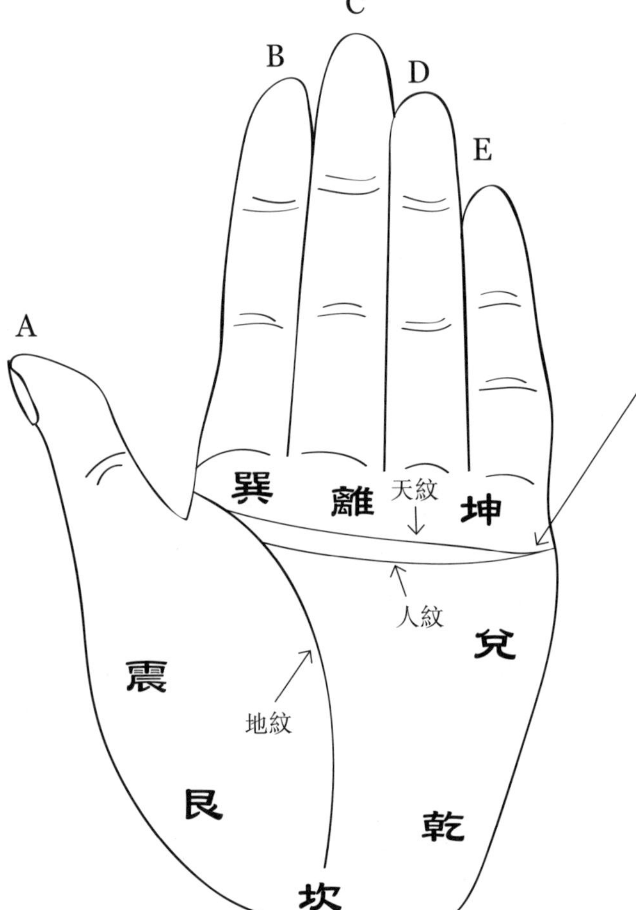

天紋與人紋地紋交接為斷掌紋。左斷剋父。右斷剋母。左右均斷不驗，斷掌紋白手興家。

A. 此指偏事業成敗

B. 此指偏勞苦奔走

C. 此指偏功名失足

D. 此指偏妻室失足

E. 此指偏子息不利

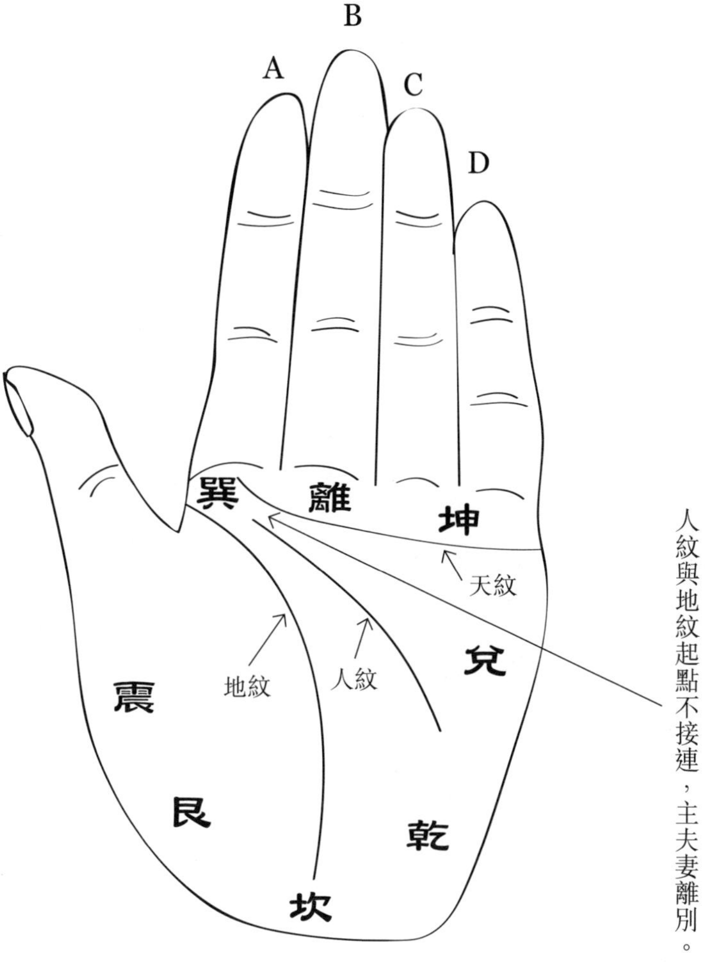

B

A

C

D

巽　離　坤

天紋

兌

地紋　人紋

震

艮

乾

坎

人紋與地紋起點不接連，主夫妻離別。

A. 此指偏早年眼疾

B. 此指偏中年足疾

C. 此指偏晚年腳疾

D. 此指偏老年氣疾

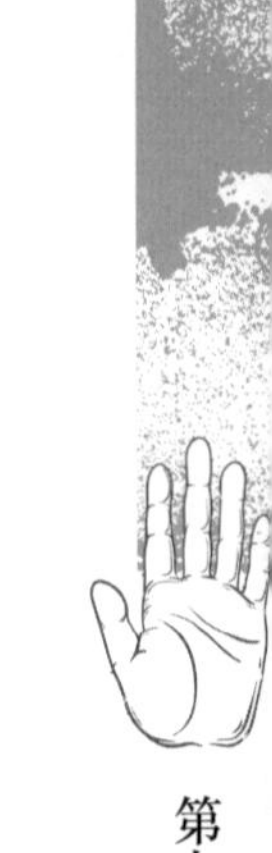

人清手濁者凶。故論相者。手與面並重。況掌屬先天。肥瘦早定。故定局者。更不能離手。手以長為貴。人大手小者貧。人小手大者富。足長手短者賤。足短手長者貴。要不外紋如錦。軟如綿。紅如朱。潤如水。熱如火。手背伏龜。手心窩卵。皮寬肉厚。骨隱節藏不露筋者。乃為大富貴之相。

指

指為龍。以圓滿秀密端直朝元為上。纖長者聰俊而貴。禿短者愚賤而勞。惟柔密財祿乃旺。若硬疏。雖勞多耗。曲斜皆主勞碌。小削多犯退敗。凹與反者。更成貧孤之相。上露曰疏。是主骨肉無情。下露曰漏。是主財錢不聚。

大指

大指為父母出身之基。歪斜則一生無成。斬傷則破祖業。又為龍。小指為虎。

下賤相也。

食指

一生衣祿。在於二指。要圓滿端正為貴。外偏曰歪。必貧苦。內偏曰斜。雖有衣祿。四海奔走。曲亦勞碌。傷則無成。削小者敗。凹反者孤。短則剋妻畏妻。衣祿亦乏。且指有賓主。四指為賓。本指為主。長則平生近貴。

中指

中指為天地生成之主。要朝元為上。斜則功名失腳。反則一生孤貧。斬傷亦主剋母。又要明淨。若有旋紋冊紋。行年到此多凶。又為龍。而掌為虎。故與掌同長者吉。短者鄙吝。多惹人嫌。

無名指

四指為弟兄妻妾定刑剋之處。歪者妻性僻。又多隔離。且多刑傷。破則剋妻。且四指主四十歲後之禍福。要無鎖身紋為佳。要下不漏縫。則末年財祿乃豐。又為賓。長於二指者好淫。而性不耐閒。

小指

五指之中。惟小指獨以鎖身紋為吉。長者貴得奇福。與食指齊者。一生衣食不缺。與中指齊者富。與四指齊者清巧。皆受子福。與四指下節齊者。曰單紋。主文官。小指又為虎。虎骨要堅硬。又要清秀。長需不斜。短需不禿。歪則不利子息。有亦若無。

古法論指（三）

指為龍。掌為虎。只可龍吞虎。不宜虎吞龍。龍骨欲長。虎骨欲短。手欲軟、而長。膊欲平、而厚。骨欲圓、而低。腕節欲小。指節欲細。骨露而粗。筋浮而散。紋緊如縷。肉枯而削。非美相也。指長、掌短。聰明才足。掌長。指短無事得謗。指如春筍者。聰明。指如鼓槌者。愚頑。指如剝葱者。多祿。指如竹節者。貧窮。指硬而疏者。破敗。柔而密者。積蓄。手香暖者。清華。手臭冷者。下賤。手倔強如豬蹄者。愚鹵。軟滑如錦囊者。至上。十指三約。（即節間之紋，一條曰一約，三條曰三約。）可通財祿。指紋一約。走卒奴役。一指二節。終亡於道路。十指軟纖。幽閒清福。腫節漏風。財散不聚。如虎之屈。貧寒徹骨。若如龍指。極貴。中指為主。四指為賓。賓主相稱。為美。二指長者。為貴。四指長者。不足。小指長者。主得奇福。二指為主。四指為賓。賓主同等者佳也。

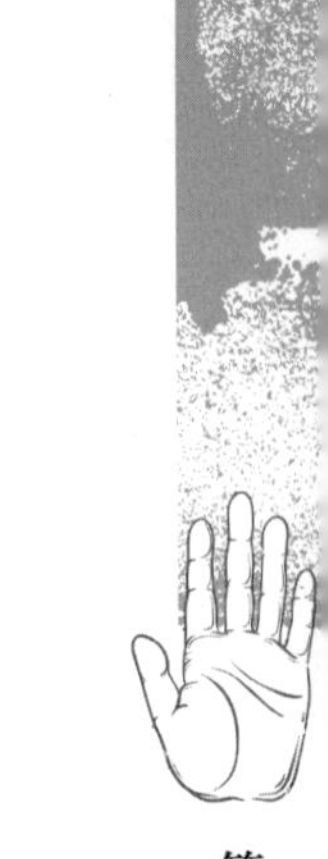

甲堅而厚者。壽長。甲軟而薄者。壽短。甲軟而短者。膽小。甲硬性剛。甲黃而榮者。清貴。甲白而淨者。閒逸。甲如瓯瓦者。技巧。甲如板瓦者。醇厚。甲枯而乾者。不宜。爪甲碎裂者。無成。指甲滋潤財帛豐盈。皮乾肉枯。命孤而夭。相法云。艮宮、不宜鋪白板紋。掌中、不宜有烏鴉紋。白板者。棺材紋也。烏鴉者。黑暗氣色也。生不全者。無妨。生全者。其年生。其年死。黑氣、生於坎宮者。落水死。巽宮、主破財。離宮、至坎位者。災危。震宮、至艮宮。主刑劫口角。

再論指

指圓聰明氣，指扁定操勞，纖秀心地巧，齊禿受嗟磨，指節丸如蛋，雖貧亦小康，指節若浮露，懶惰財帛空，拇指向前俯，急性不耐久，偃後多緩性，亭亭適相使，甲是筋之餘，色是肝之氣，甲硬膽力足，甲軟人力微，甲平心志平，平軟事不成，甲形如瓦筒，硬質發精神，甲色喜瑩淨，枯昏運不明，紅色陰氣順，枯白血虛凝，

甲底半月形，血虛氣力凝，心臟防衰弱，愛事多退嬰，指甲如瓜皮，肝膽氣力虛，
榮謀多成敗，緩急不相持，指甲生豎紋，運途恐未順，紋粒積風痰，脾濕報與君，
拇指號命宮，祖上出身通，駢指或缺損，礙祖礙家風，食指論主權，長短四指比，
長秀權利足，短時自主難，食指論生父，纖秀身安閒，斬傷或偏曲，眼疾可直言，
中指論心理，希望各相同，偏曲防癆瘵，氣鬱廢前功，四指本無名，社會號外境，
長短比食指，形狀定榮枯，四指若過長，虛榮失主張，偏曲多足疾，投機性最強，
四指號外境，過長重虛榮，親朋常反覆，骨肉亦無情，小指號兒孫，長短四指紋，
過紋多聰明，奇遇補命運，小指名信孚，信仰形容詞，偏曲損兒女，不然少同居，
天紋號感情，最喜深細明，淺大好食肉，清細菜根宜，人紋號頭腦，內才兼外交，
紋淺機關淺，流紋善酒肴，地紋是基本，胸度兼命運，附紋號祿馬，補救逆中順，
文筆管奇緣，成功最關連，漫道文章好，憐才定不偏，六秀號偏財，懷柔魔力偕，
功名稱異路，超凡入聖胎，家風論婚姻，位置基本邊，左右相對照，內右外左緣。

古法論指（四）

指法總論

夫五指。俱要圓飽端正。清秀尖直。平密挾傍。瑩潤朝掌。最忌歪斜削小。短曲凹傷。匾反疏漏。禿硬纇節。歪者向外離祖。立身貧寒。斜者雖有衣糧。奔走四方。削者破家失業。小者食地多更。削小者。在公之人。人離財散。在私之人。退財居閒。短者刑克缺食。曲者勞碌江湖。凹者破祖孤寡。傷者破財無成。反者貧乏孤單。疏者骨肉無情。漏者錢財不聚。禿者蹭蹬辛苦。硬者窮忙隔角。纇節中腰如鼓槌。勞而無壽。十指螺全者。利君子之相親。招小人之可遠。甲頭指縫開者。半生不聚錢財。前四指有鎖身紋者凶。掌心謂之朝元主吉。中指節有交紋。謂之二關。當主吉。五指頭如一字齊者。愚而且凶。中指與掌同長短者吉。指短掌長。奸猾鄙吝。小指上有鎖身紋者吉。有破鏡紋者不住財。小指量於大指長短同者主奸。大指長於小指者亦奸。小指長於大指者。父母出身微賤。小指長於食指者。子息遲難。早年衣祿不足。晚年得子力。小指與中指長短同者。富而得子。小指與無名指長短同者。清巧而得子力。小指與食指長短同者。衣食不缺。爪甲上仰如瓦者吉。若節破斜尖薄禿厚黃黑者敗。爪如雲母石。五指皆有不利。人清手濁者凶。人濁手清者吉。掌中有豎理紋者智而且貴。爪如筒瓦者富貴長壽。如鵝掌縫皮者主無妻。兩掌要厚。十指怕漏。壽理帶紋穿入指者貴。（即坎紋上離宮之紋。）陰隲紋在沼者。雖真官非大禍。主大事成小。大指歪斜者。其人勞碌無成。經營費力。而一生受苦。中指歪者。為人性情執拗。恃己偏見。詭異獨行。無名指歪者。妻性執僻。小指節歪者。不利子息。爾東我西。雖有若無也。食指獨大者。富壽而承祖業。食指短者。不剋妻而畏妻。龍骨需知要豐大。虎骨需知要堅硬。大指為龍。小指為虎。人長指短。不賤則淫。人短指長。狡猾貪財。人長指長者狡。人短指短者誠。下漏則散財不聚。上漏則六親少力。指如鼓槌。勞而無壽。指如春筍。滑而有財。小指與無名指下節齊

者。謂之單紋……凡指長橫紋多者。亦惹人嫌。膊為龍。背為虎。大指為龍。四指為虎。知此者。然後可以相掌也。若龍大虎小者貴。虎大而龍小者賤。虎勝龍為反。龍勝虎為奇。掌不可為臂膊所壓。壓則功名有虧。謀利難為。但只要相稱者為佳。

五指分論

凡在掌紋氣數。只在大指下。初分兩節處定乾坤。下為乾。上為坤。蓋取垂手之相也。乾為父。坤為母。節上有橫紋直交錯者。必先喪父。節上有勾紋者。必先喪母。凡論文學。正於大指可見。蓋取其節之有紋。重疊如畫眉之狀。紋多而長。俗云夫子眼也。

食指者。手之第二指也。其節極要端正圓滿。最怕歪斜削小。短曲凹傷。必有不足。如傷食神也。歪者。歪向外而離中指。主極貧。斜者。斜向內而傍中指。主衣食不缺。不免走於四方。小者。更衣食之地而不得其所。削者敗窮。短者。剋妻畏妻。衣祿不足。曲者。勞碌江湖。凹者孤獨。傷者無成。八者之內。論之盡矣。

中指者。手之第三指也。一生相掌。在此一指。只要朝元。斜而反躬。必主孤窮。更有旋紋。事事皆凶。身上最要明潔。但有鎖身紋者。嗔中得意。亦不免驚懼是非之撓。且此一指紋。較之他指不同。鏡面但有卌此紋破傷者。行年到有凶無吉。至驗有準。然反與斜異何他。斜者功名中失腳。反者孤身貧乏。百事難成。謀遠而成疏。週歲小兒。可明着眼力觀之。其關煞。天地人三關。天關必成。地關必哭。人關必災。有青筋者。即醫家口傳心授。

無名指者。手之第四指也。此指為弟兄妻妾骨肉。看四十歲後之禍福也。若歪斜不挾傍者。主兄弟骨肉隔角。妻妾刑傷。但要明淨。節無鎖身紋者為佳。於下不漏縫者。主末年受用財祿。至驗。

小指者。最要清秀。長而不斜。短而不禿者。上相也。此指上有鎖身紋者極佳。主壽。別指皆凶。若此指頭過無名指者。清巧多能。惜乎孤剋。有如大指只一節者。其母不免於重疊醮也。

古法論指（五）

大指、宜肥圓。其節有紋。重疊而長。如畫眉之狀者、俗云夫子眼、主有文學。若歪斜瘦禿者、主經營費力、一生勞苦。

食指宜圓滿、傍貼中指。主衣食豐足。若歪斜向外。而離中指者、主極貧。古云。兩掌要厚。十指怕漏。指有歪斜。若再無肉。則漏矣。上漏主六親少力。下漏主資財不聚。

中指宜端正。得無名指、及食指、左右緊貼、主高尚有為。若歪斜破傷、主孤身貧乏。

無名指宜明淨。如與中指緊貼。下不漏縫。主財祿豐盈。若歪斜向外、而離中指者、主極困。

小指、宜清秀。長而不禿。若指頭過無名指之節、而又骨圓者、主才藝超羣。功名早獲。若歪斜向外、不與無名指貼近者、主孤剋。

四指為賓、二指為主、賓主相稱、攸往咸宜。二指長者、君子有緣。四指長者、小人不足。

若五個手指斬傷、或病損者、亦有所主。大指破祖。二指剋父。三指喪母。四指妨妻。五指刑子。大指駢、母亦疾苦。

十指上之紋。全如旋螺者、多主榮貴。十指上之紋、旁漏如筐箕者、多主破敗。

十指上之紋、橫有三約者、（每指之紋有三行。）財祿豐盈。奴僕忠實。十指上之紋、橫有一約者、既主貧賤。終應操勞。

第八章 掌紋

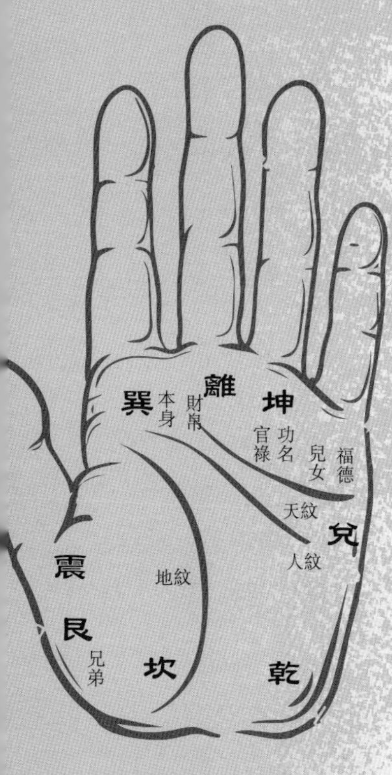

中國掌紋學與印度及古埃及之掌紋學有着共通之處，都是以形象、圖案、字形去判斷吉凶好壞。雖不排除有其準繩度，但因其形象籠統，難於仔細判別，故近代掌紋學皆以西洋掌相為依歸。又因西洋掌紋學起源於十七世紀而盛於十九世紀，所以各位所接觸到之手掌掌紋名稱如「頭腦線」、「事業線」、「生命線」、「婚姻線」等，皆屬由西洋掌相翻譯而成的中文名稱，實非中國掌相學的名詞。直至一百五十年前左右（清道光十三年），由陳淡楚所著之《相理衡真》，掌紋學亦只停留於僅有天紋、人紋及地紋（即感情線、頭腦線、生命線）之階段，而其他論述掌紋學之篇幅亦只是把古代掌紋學之著作援引下來，別無新意。及至近一百年間，中國掌相之掌紋名稱之所以開始豐富起來，我相信亦是受了西洋掌相所影響。故此，名雖不同，但內容則有些相近。惟中國人研究命理、掌相，皆以六親緣分、富貴貧賤為依歸；而西洋相掌則以性格行為、精神狀態為依歸，故雖可能同源，但結果卻有差異矣。

以下列舉中西掌紋之名稱對照。

主要線

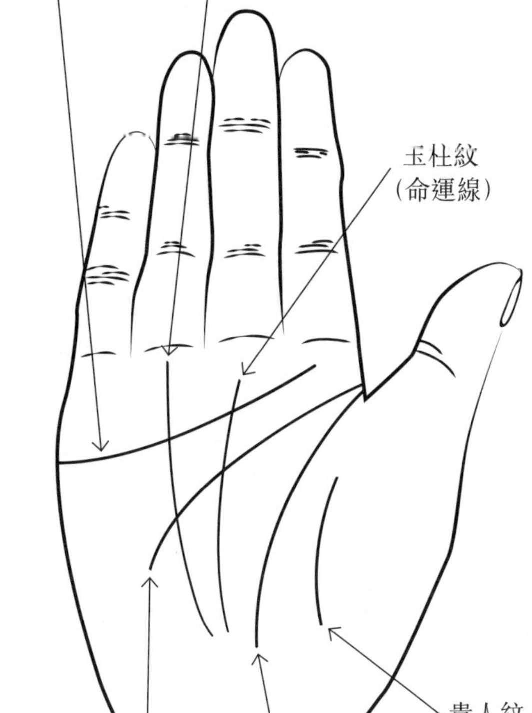

又中國掌紋學除了天紋、人紋、地紋之名稱統一外，其他各掌紋雖為同一紋，但卻往往出現數個不同之名稱，故在此書我將不厭其煩地把每一個名稱都記載下來。

天紋

即西洋掌相學之感情線。天紋在中國掌相代表父親，故天紋無破代表父體較佳，天紋有破則代表父體違和。

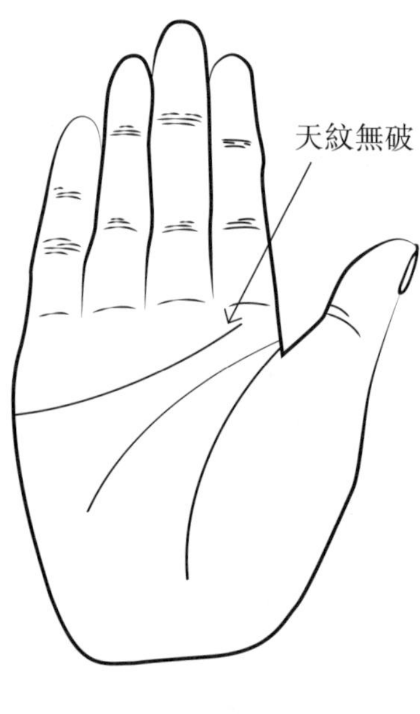

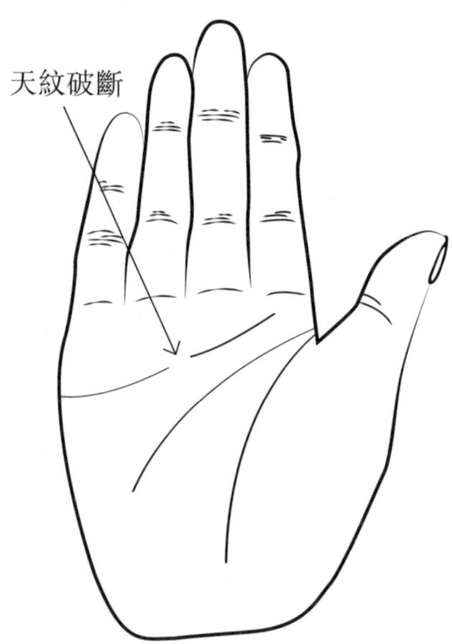

●天紋深長而清，紋細如絲

主二十五歲前之運氣，故天紋如深長而清，或幼細如絲，皆主少年運佳。

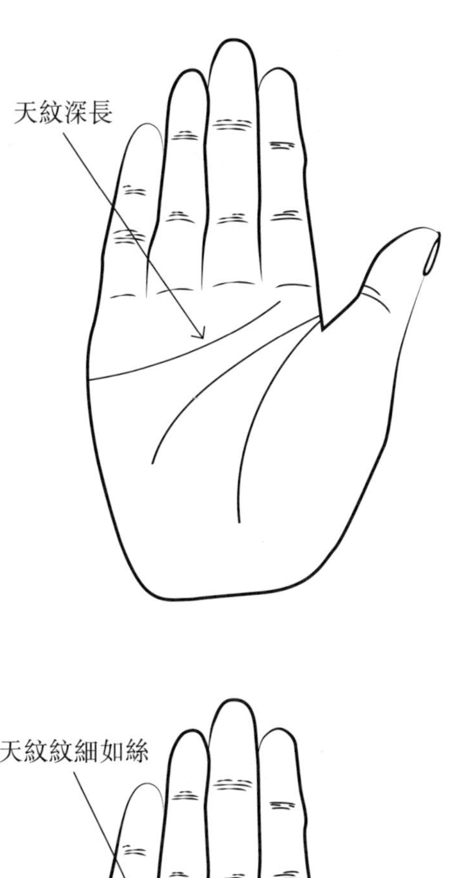

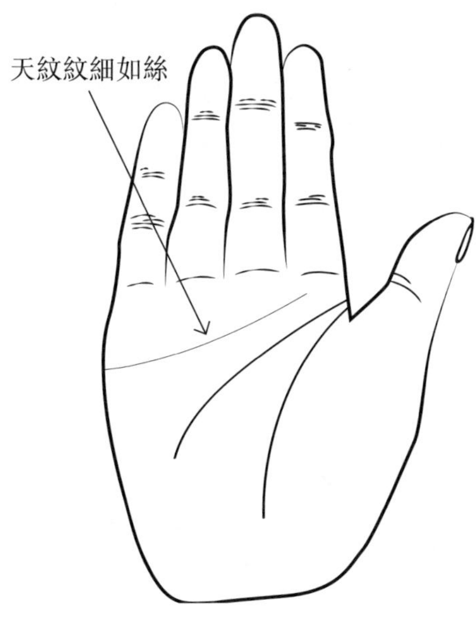

●天紋折斷、重疊、成鍊狀

主少年運差，難有所成；又主少年體弱，志氣不足；亦主與父緣薄，父體欠安，甚或短壽。

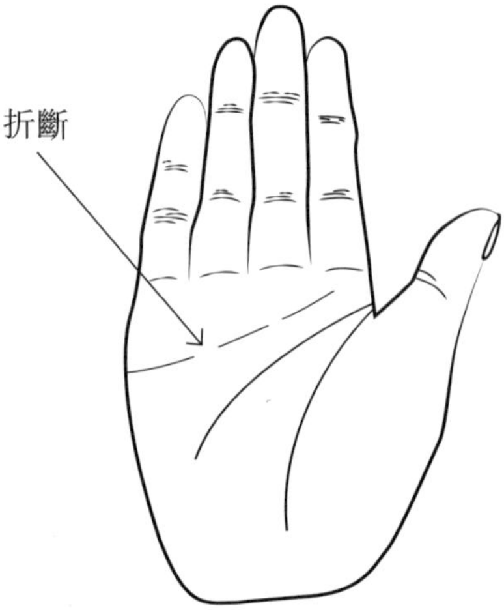

折斷

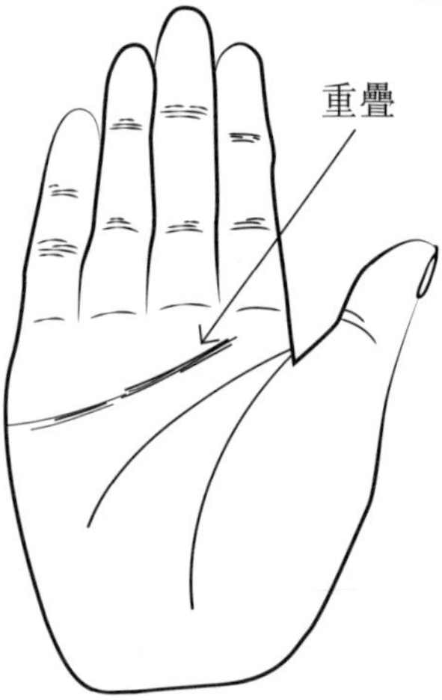

重疊

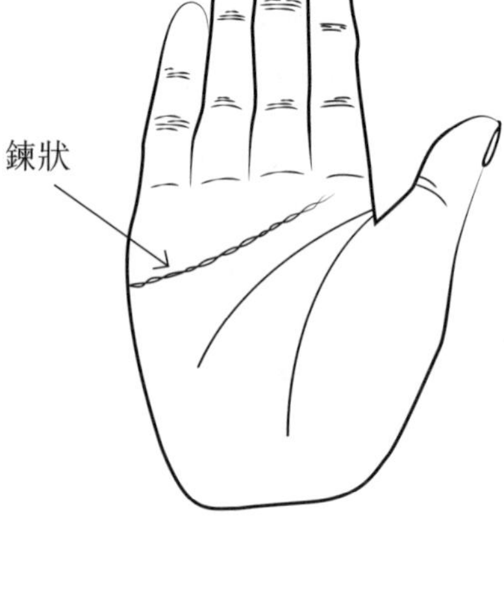

鍊狀

● 天紋直穿出食指與中指之指縫

主與父無緣、體弱或寡合。

● 天紋指向食指基部

主早行運或祖上有產業依靠。

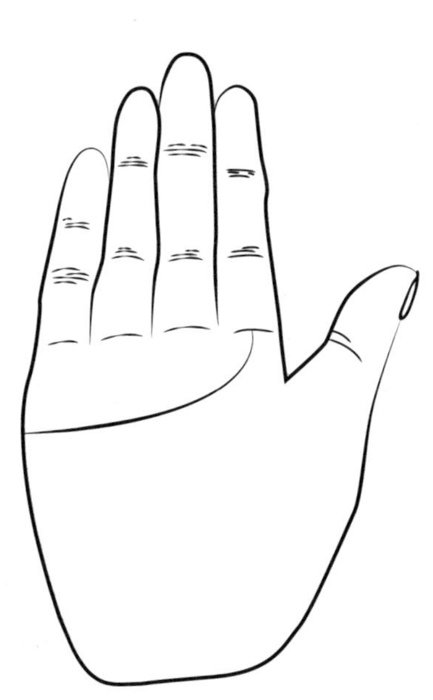

●天紋直穿出掌邊

為漏邊，主祖業難成，少年不遂意。

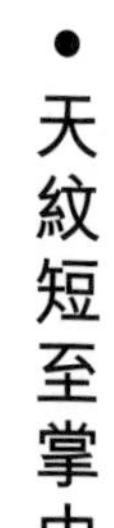

●天紋短至掌中

主無祖業，少年運程反覆，愛情運亦差。

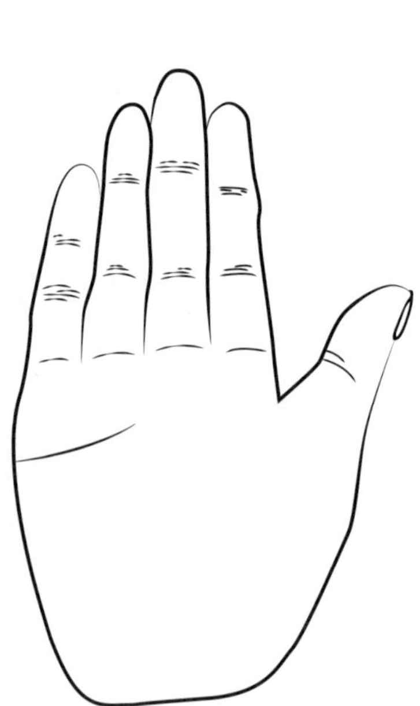

●天紋成雙

易有重親、異父、異母。

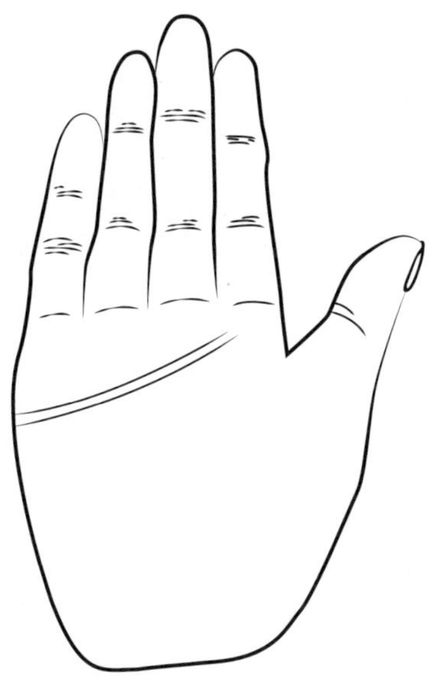

●天紋成碎斷而短

主出身欠佳，父早亡。如短碎亂者，主重父，且早年運差，心性不佳。如人紋無破而清，主三十五歲後能有所成。但如人紋亦差，則縱地紋完整無缺，亦無幫助，一生難免孤貧。

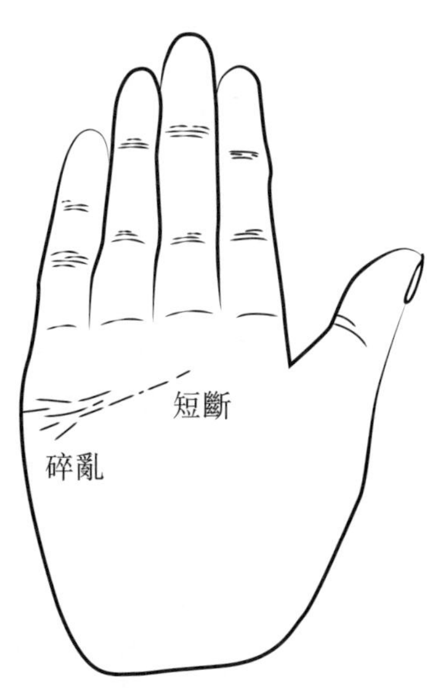

●天紋成彎曲狀

主初年父運不佳，心性亦差，自己易受影響。但如人紋深而清，則能靠自己之定力，衝破先天之影響，成為一個誠實的人，且能邁向成功。

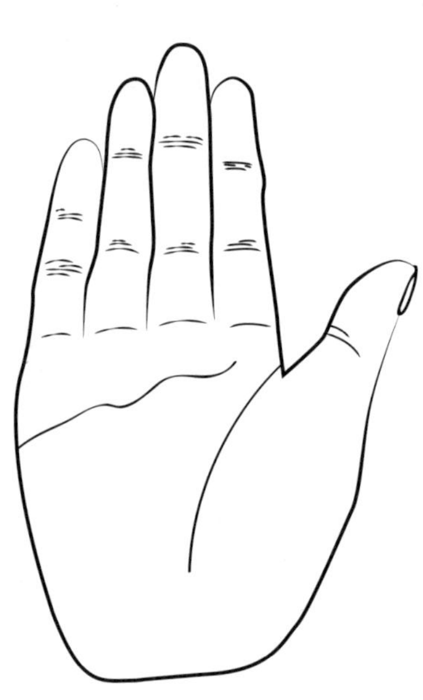

地紋

即生命線，在中國掌法代表母親。地紋深長而清，代表母親身體強健；地紋折斷或給很多橫線切斷，皆主母親身體違和欠佳，亦主母親環境不甚佳，且主自身多災多病，事業亦較難得到傑出之成就。

- **地紋深長而清**

主母體強健，自己之體質亦強健。

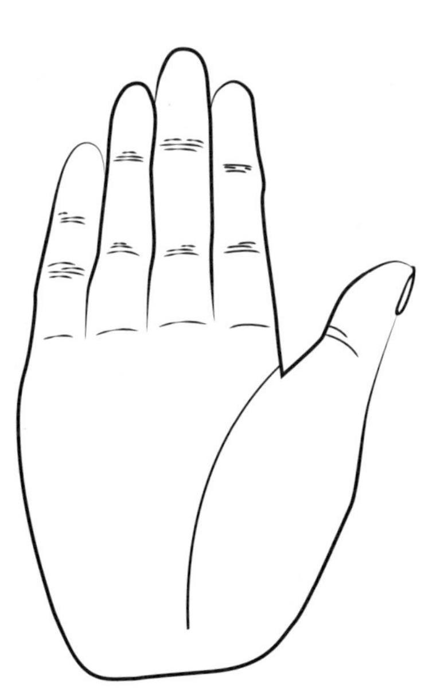

●地紋折斷或給很多橫線折斷

母體不佳，自身運氣亦差，一生難免勞碌奔波。

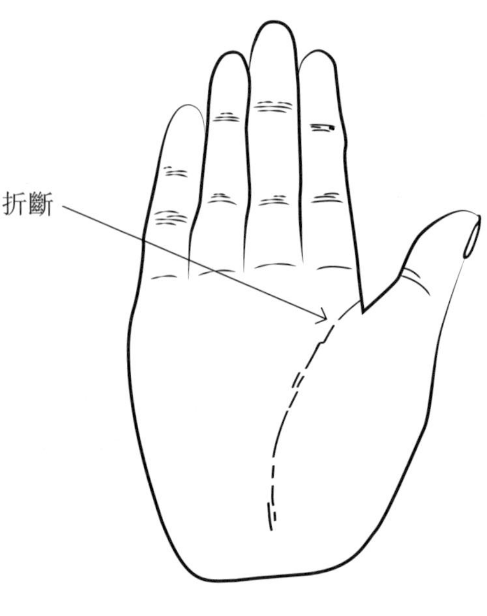

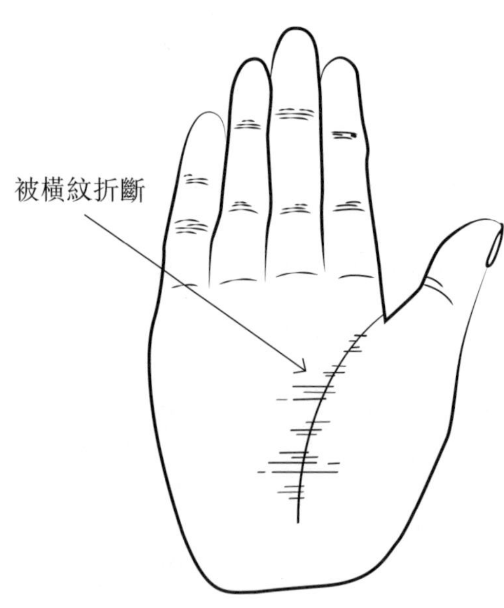

●地紋在起點處雜亂無章

主年幼時母親運程欠佳，諸事不如意。如再給明顯之橫紋切斷則更凶，除非能過繼給他房，否則母有短壽之徵。

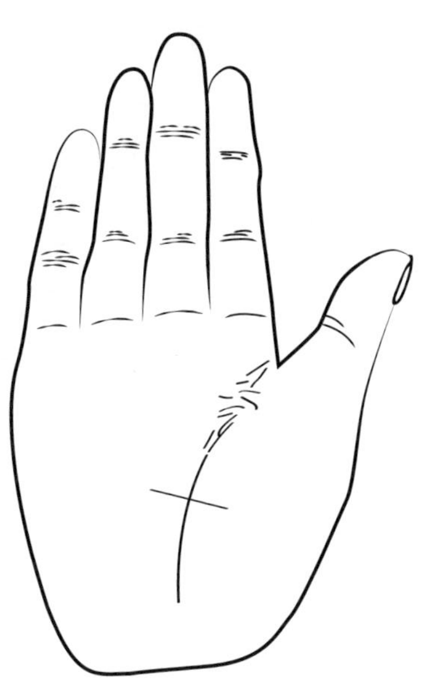

●地紋成鎖鍊狀

主母親自身欠安，或家境貧窮，自身身體亦不強健，如能後天多修身積德及多做運動，鍛煉身體，亦能衣食充足，否則有貧苦短壽之徵，如人紋亦成鎖鍊狀則更為準確。

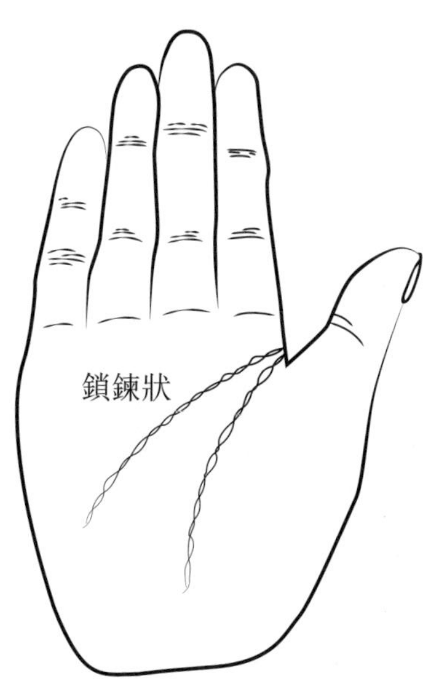

● **地紋成流蘇狀**

與成島紋狀相似，除非能得人紋之助，否則終身難有大成。母親環境差，自身身體亦欠安。

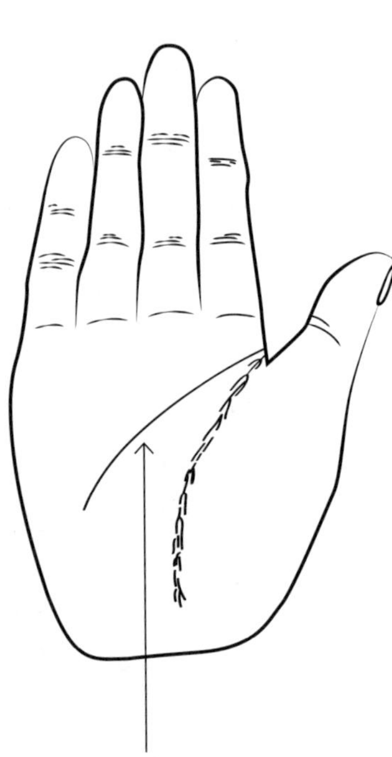

有深長而清的人紋，代表能靠後天的努力，擺脱貧困。

● **地紋摺疊**

主二母，但為首母所出，亦主初運不佳；近下者則次母所生，亦主晚年運氣不佳；如無雙母，必主母壽不長。

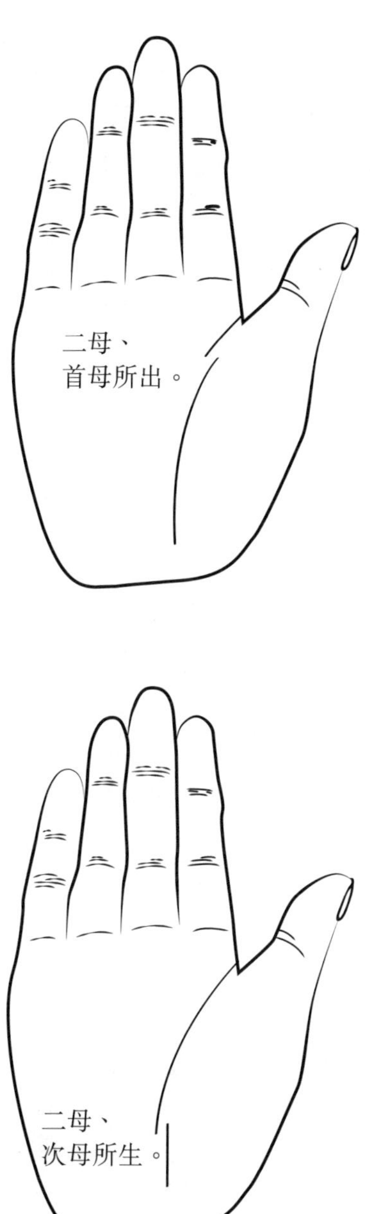

人紋

即頭腦線，主自身之思想、智慧、為人操守及個人能力，又主中年運氣。如人紋深長，橫而清，直指兑宮，則主中年事業能有大成，尤其是在三十歲至五十歲間。如得天、地兩紋之配合，則一生運氣強盛；相反，則早年、末年難免較為遜色。

● 人紋橫向

深長不斷，直指兑宮，其人必聰明，心直口快，做事能貫徹始終，必有成就。

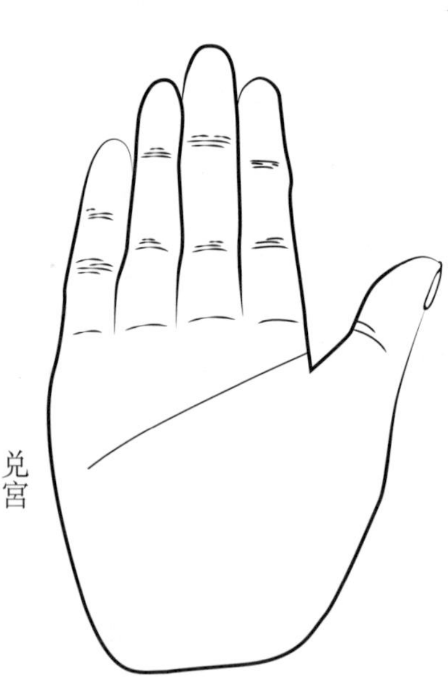

●人紋斷續不清，或短小，或折斷

皆主智力不佳，夫妻緣薄，重婚，中年反覆，難有所成。

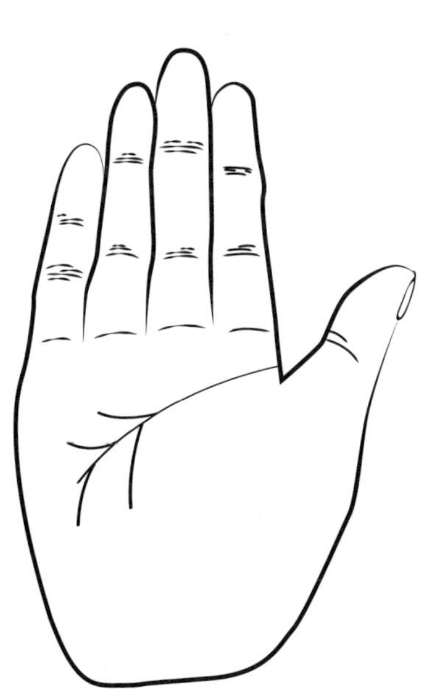

A. 短小

B. 斷續不清

C. 折斷

●人紋上下分支較多

主一男多女，但因現代感情較複雜，故亦可解作一女多男。總而言之，婚姻難以一段到尾，最宜遲婚。

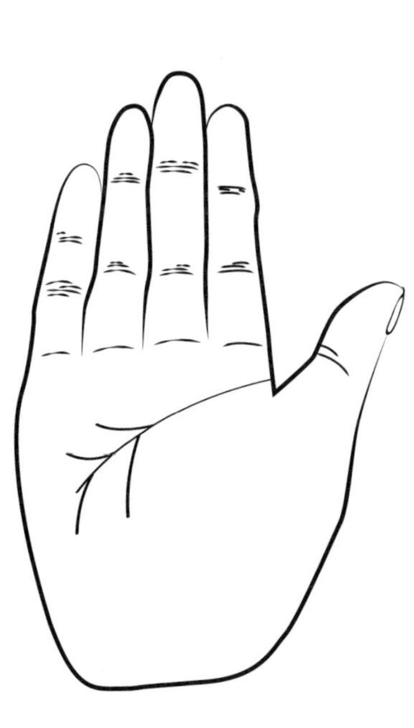

●人紋與地紋之起點交連處，多亂碎之紋

主早年運氣反覆無常，成敗交替而來。如人紋中段開始轉清晰，則主四十歲後亦能致富。

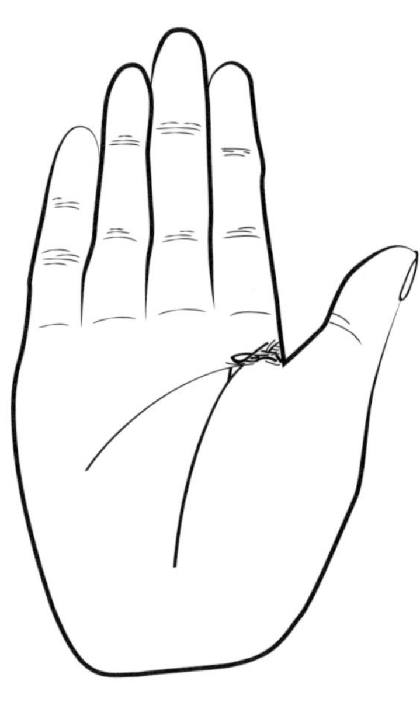

•人紋與地紋相連太多

主一生易受母親之影響，且偏聽母話。古代婚姻由父母作主，故問題不大；但因現代都是自由戀愛，所以這種人每因常受母親影響，以致不是很早結婚，便是每次戀愛，都因母親不滿意對方，而磋跎歲月。男性尚可，女性則易錯過姻緣，且一生事業難有大成。

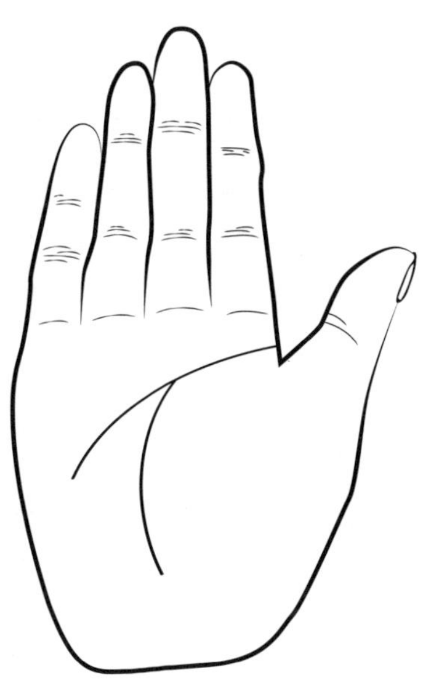

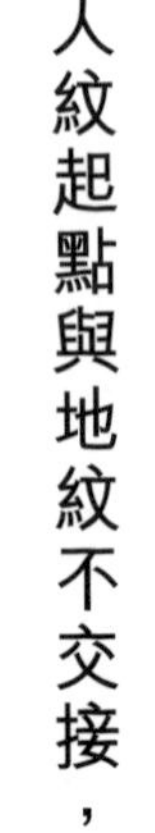

●人紋起點與地紋不交接，但距離近

主能白手興家。

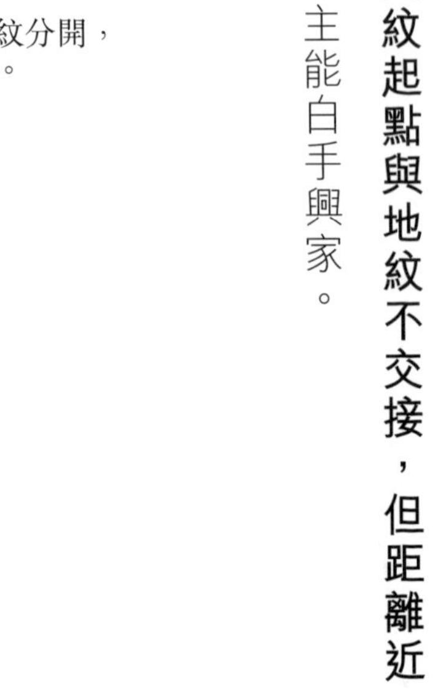

●人紋起點與地紋不交接，且距離遠

主性格衝動，六親無緣，亦難得人和，即使能得運氣之助而成事業，亦難免終身孤獨。

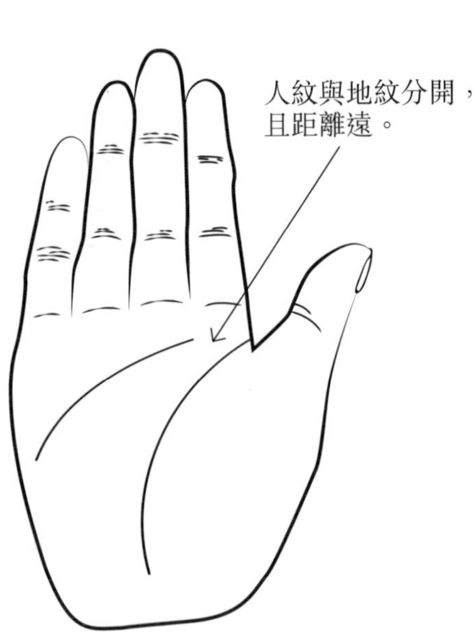

•人紋成彎曲狀

主此人心性不佳，事業多成敗、中年運程反覆。如地紋亦不清，則終身一事無成，女命主姻緣再遇。

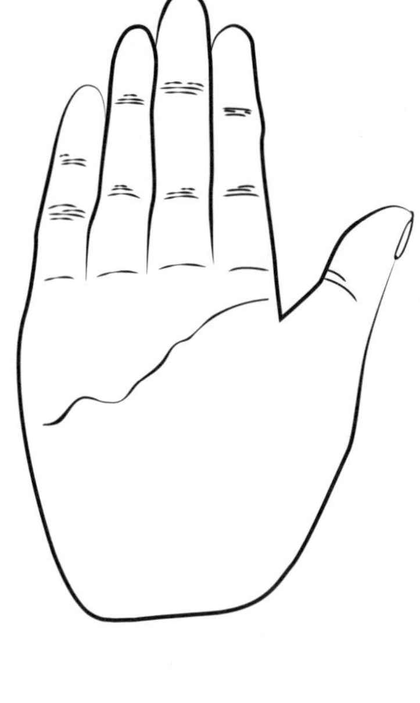

•人紋成雙而清

主為人能幹，但不免多情，且易有重妻。

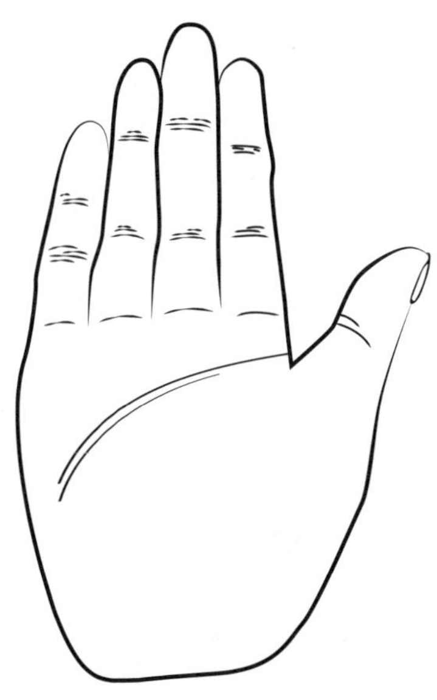

玉柱紋

玉柱紋，即西洋掌相的事業線，正名「命運紋」。其看法與西洋相法相吻合，都是用以觀察一生人的起降升沉、事業好壞。其論説亦是以深長為佳，淺短或不明顯為差。但經本人近年所印證，玉柱紋深長而清，大多從事穩定性之工作，變換甚少，故一生較平穩；而玉柱紋不顯現，則事業屢變，但亦能得一時之機會，乘時而起。故以現代看法而言，玉柱紋深長與否，並不是最重要，只有玉柱紋出現特殊情況，才有特殊之影響。

● 玉柱紋深長而清

古代説玉柱紋凡由坎宮起長至天紋者，為官一至三品，而長入中指內則不是國君便是宰相。但現代人有一條深長的玉柱紋，只代表其一生事業甚少變化，多在一個範疇內長久發展，一生較為穩定。

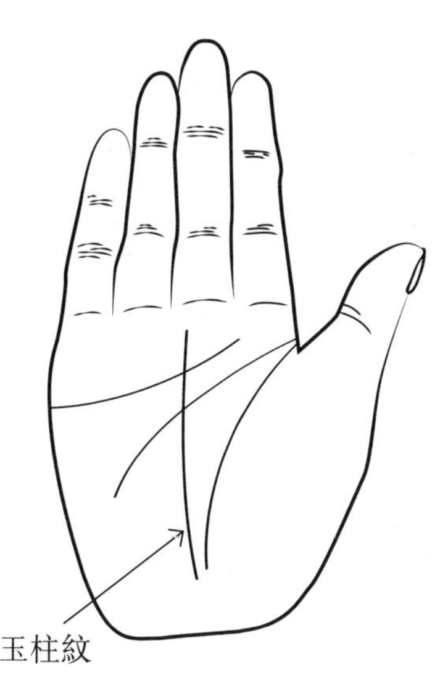

● 玉柱紋淺或無

古相法為一生無大成就之相。但在現代社會，此紋則代表一生事業不定，但亦主可能會把握到一個機會而奠定一生之成就。故無玉柱紋並不能判斷某人一生難有成就，因如異路功名紋顯現，亦必有所成。

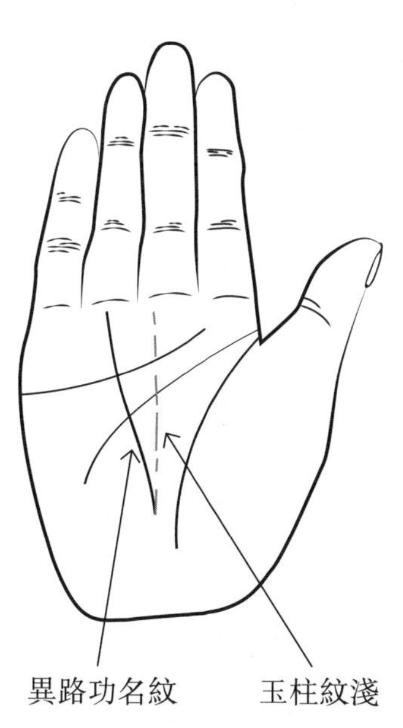

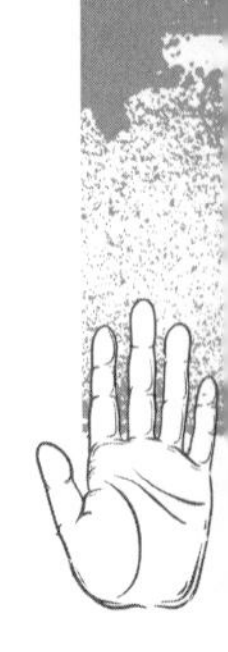

●玉柱紋分叉

從乾位而起，主破祖業，父緣不佳，長子不和。

從兑宮而起，主得妻妾、異性之助，但自身脾氣不佳、急躁，健康運亦平平。

從坤宮而起，主得子媳之助，晚運佳，一生事業易得成就。

從離宮而起，主一生易得功名，做任何事皆易得成就。

從巽宮而起，主一生財運上佳，運氣強盛。

從震宮而起，主一生易為田產所困，易因田產而破財。

從艮宮而起，主得母助，以致事業上獲得成就，亦主母親緣厚。

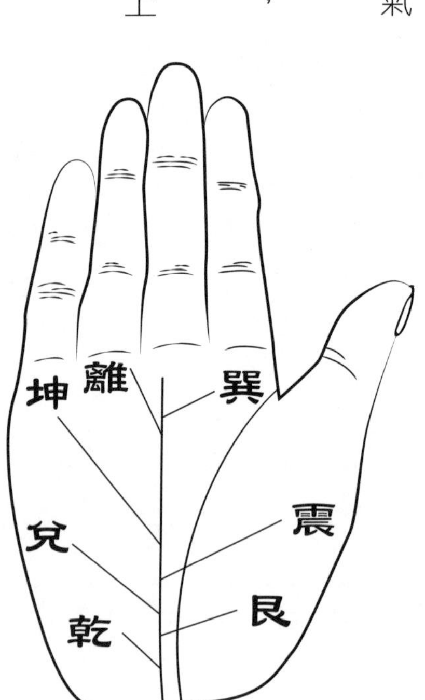

● 玉柱紋有蛋空

中國掌相稱島紋為「蛋空」，其看法與西方無異，亦是代表該段時間事業易受挫折，而挫折多因不可預測之意外而生。

● 玉柱紋折斷，但有紋伸延向上

代表中年事業出現突變，要另創一條新的發展路向，過程雖然辛苦，但最後仍能獲得成功。

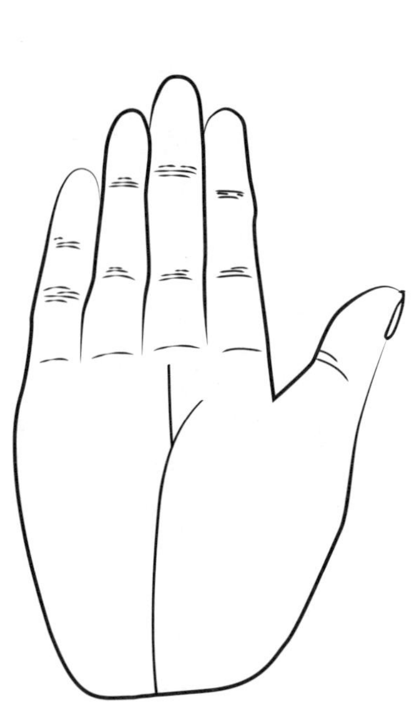

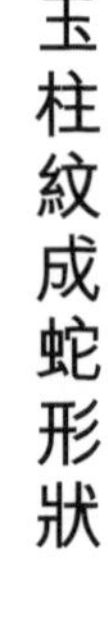

● 玉柱紋成蛇形狀

代表事業屢遭波折，始能邁向成功，且一生多成多敗，又有戀酒貪色之好。

● 玉柱紋中出現失神紋

失神紋即西洋掌相的十字紋，其結果亦與西洋掌相一樣。失神紋出現於玉柱紋為破敗之記號，出現於中間位置主中年大敗，出現於末端則晚年大敗。

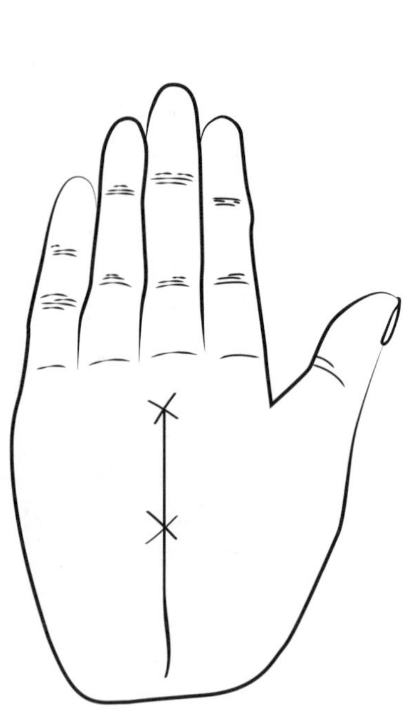

●玉柱紋旁出現玉新紋

玉新紋即方格紋，代表得貴人或親屬之提攜，一生過着豐足之生活，亦主事業易得成就。

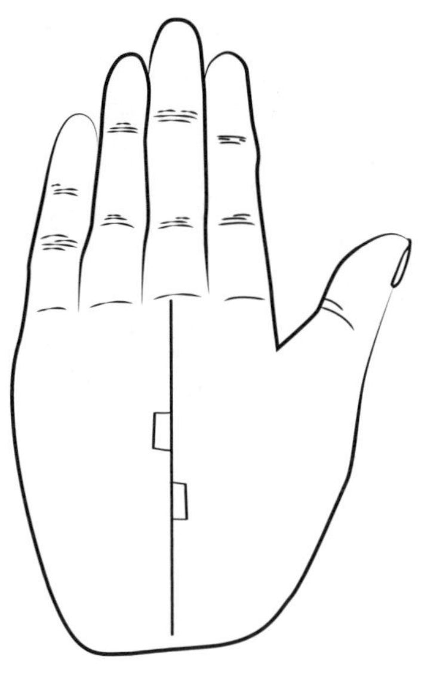

●玉柱紋短或不顯現，但有六秀紋

「六秀紋」即「異路功名紋」（詳見下文）。玉柱紋短或不顯現，但有六秀紋，代表早年生活不差，但青年時期突然失掉目標，然後再撥開雲霧，生機重現，最終亦能成功。

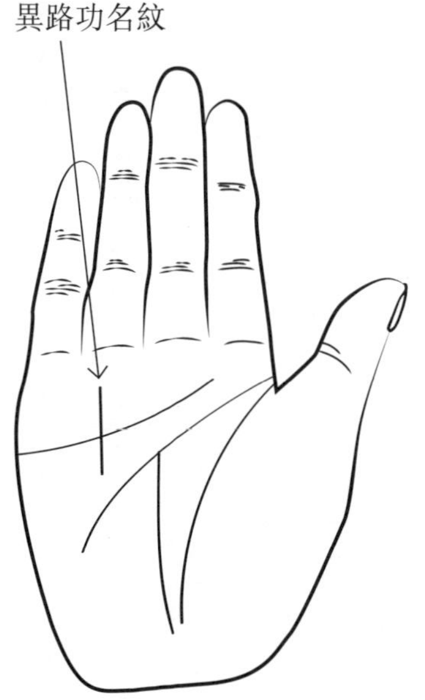

異路功名紋

又稱為「六秀紋」，即西洋相法之成功線。一般有此紋顯現，不管玉柱紋是否受到破壞，都代表能逢凶化吉，得貴人扶助，令事業最終都得到成就。

異路功名紋

貴人紋

在地紋旁出現一又長又明顯、且與之平行而下者為貴人紋，主逢凶化吉，一生能得貴人扶助。即使玉柱紋不佳，亦因有貴人扶一把，而令最後都能獲得成功。

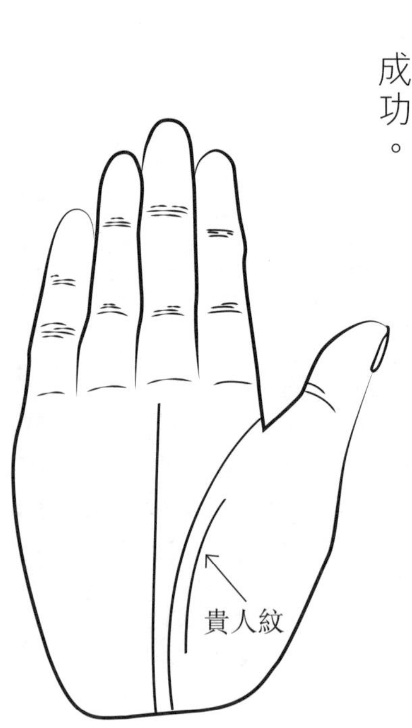

次要紋

包括考證紋、副筆紋、月暈紋、家風紋、橫財紋、子女紋。

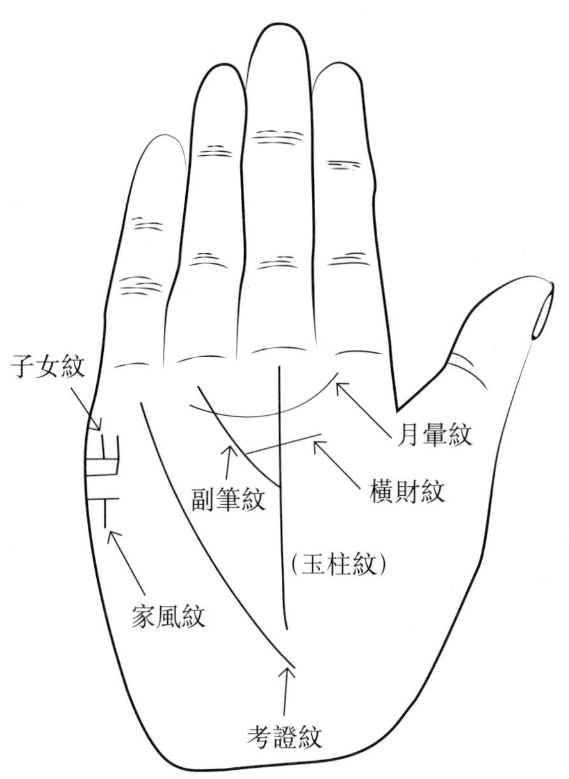

考證紋

即西洋掌相的健康紋。考證紋深長而清，代表身體強健，事業發展順利，聰明，一生較為幸福；如考證紋斷續不清，則一生身體易生毛病，不論男女皆主腎、膀胱、泌尿系統有問題，腸胃亦差。

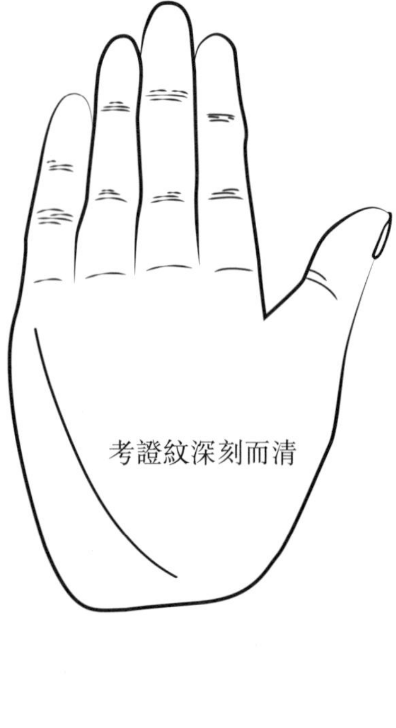

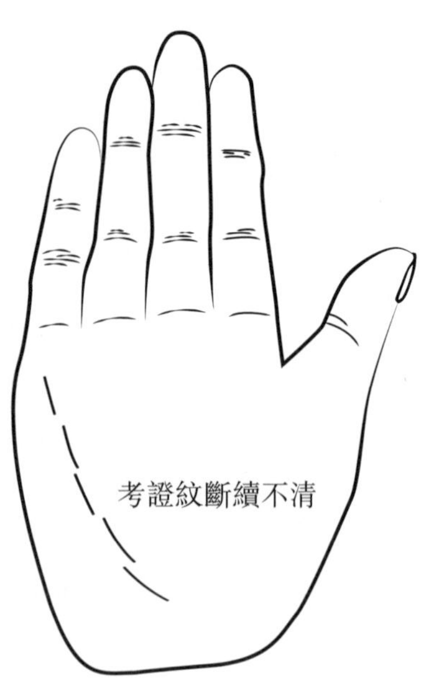

副筆紋

從玉柱紋或地紋伸延開去之紋為副筆紋，即西洋掌相的上升紋。

●玉柱紋上起的副筆紋

不論指向何宮，皆對事業有幫助，而其成功期則由副筆紋交接處開始。

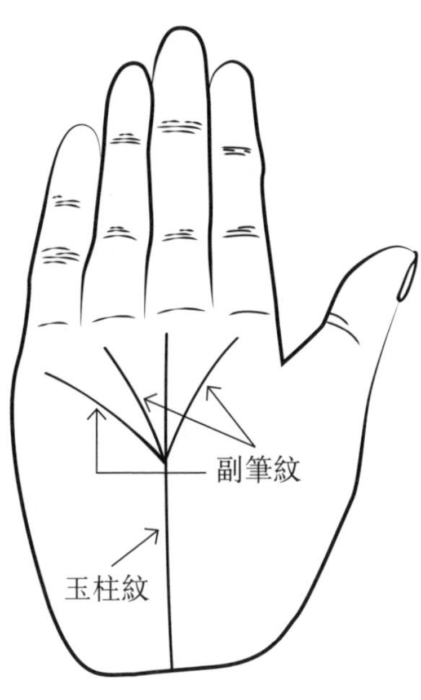

●地紋上起的副筆紋

如不斷者，皆主先貧後富，晚運亨通；如中斷者，則家運不佳，家庭不睦。

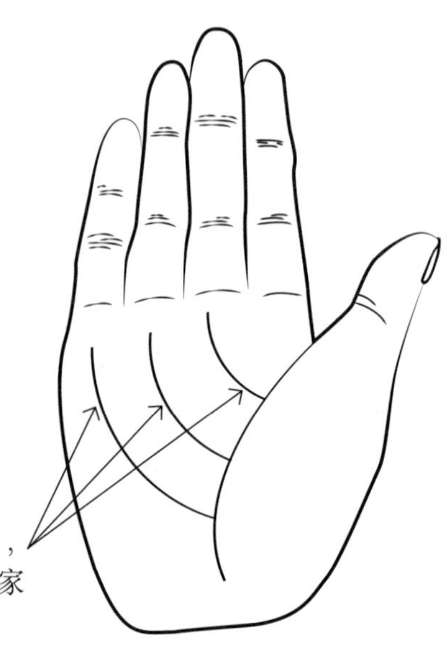

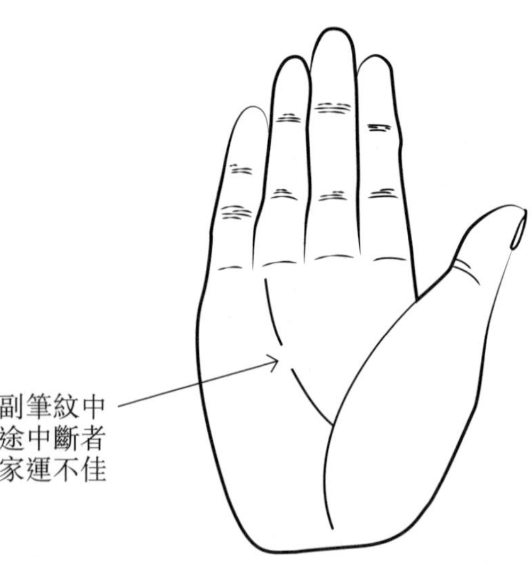

月暈紋

又稱「技藝紋」，即西洋掌相的金星帶。不入指縫而清，主有藝術細胞，為人感性；混亂斷續，則主情緒不定，喜怒無常，色情心重。

月暈紋清，
感情穩定。

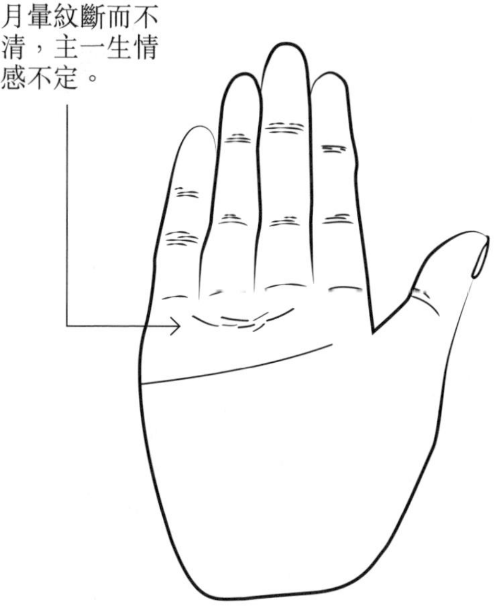

家風紋

即西洋相法之婚姻線，其看法與西洋掌相相近，故不在此細述（詳細介紹可參閱《觀掌知心》及《掌紋續篇》）。

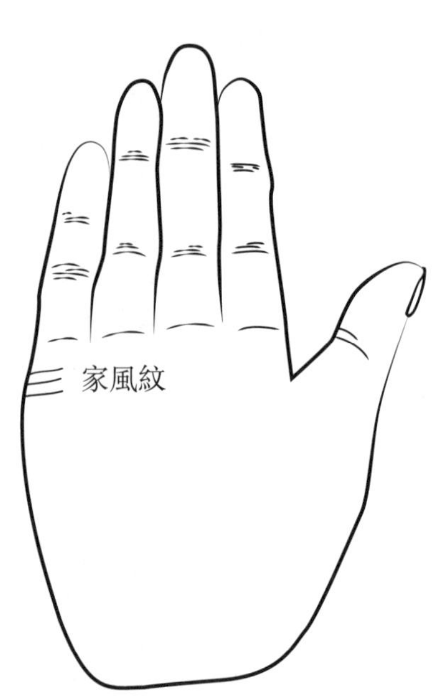

橫財紋

又稱「理財紋」，這紋為西洋掌相所無，與月暈紋相類似，但橫財紋是長在天紋上的一條細小橫紋。

● 橫財紋清而不斷

主一生易得橫財或意外之財，且亦主早婚，得異性及貴人之助。

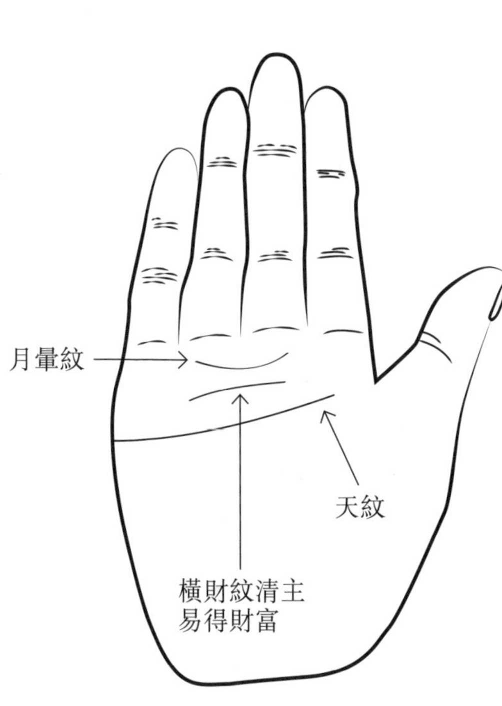

● 橫財紋斷而不清，及成彎曲狀

皆會失去其作用，亦主被財所困，破財耗財。

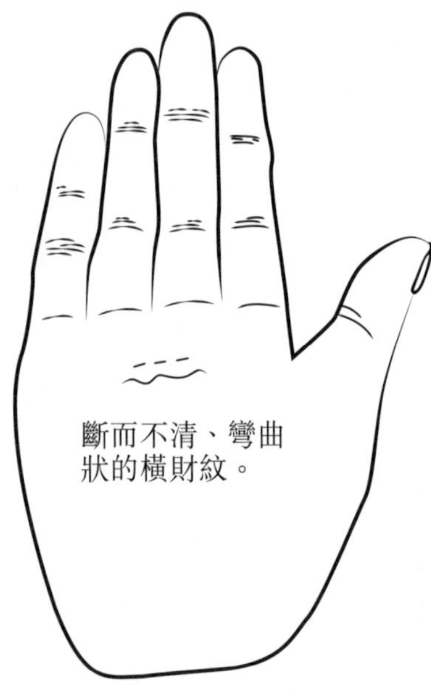

子女紋

在家風紋之上為子紋，之下為女紋，一紋一子女，多紋多子女。

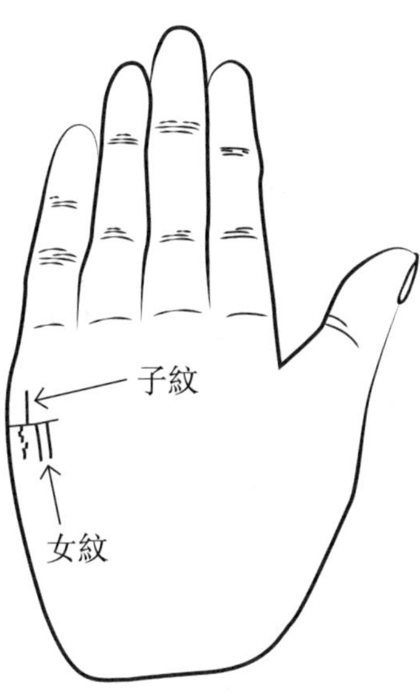

在家風紋之上為子紋，之下為女紋，如右圖等於一子兩女。淺而不清的不是子女紋，但此法只可供參考，還要閣下不斷考證。

其他雜紋

因古代相法重符號，故常有出現某紋便可成大富、出現某紋為幾品大官之說法。但用於現代的話，則略嫌粗漏，故現列出只供大家參考，不一定有實際作用。

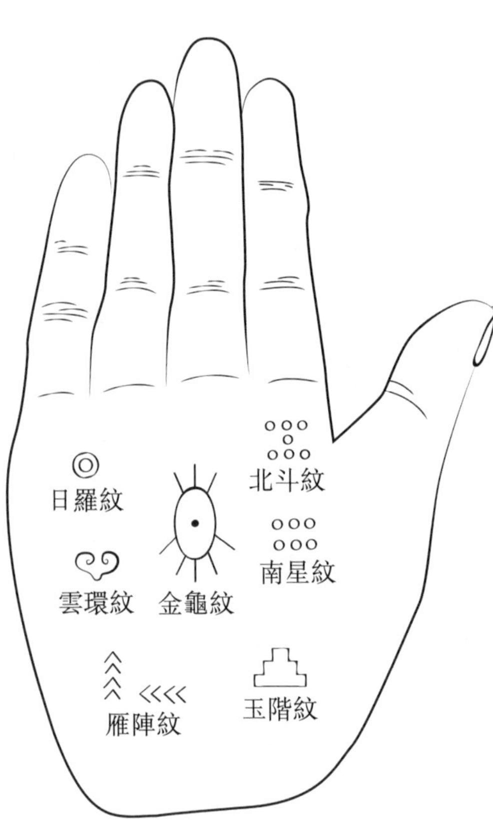

金龜紋——出武將

雲環紋——主富貴

日羅紋——主一品之貴

北斗紋——主一品之貴

南星紋——主一品之貴

玉階紋——主一品之貴

雁陣紋——主一品之貴

其他雜紋——吉紋

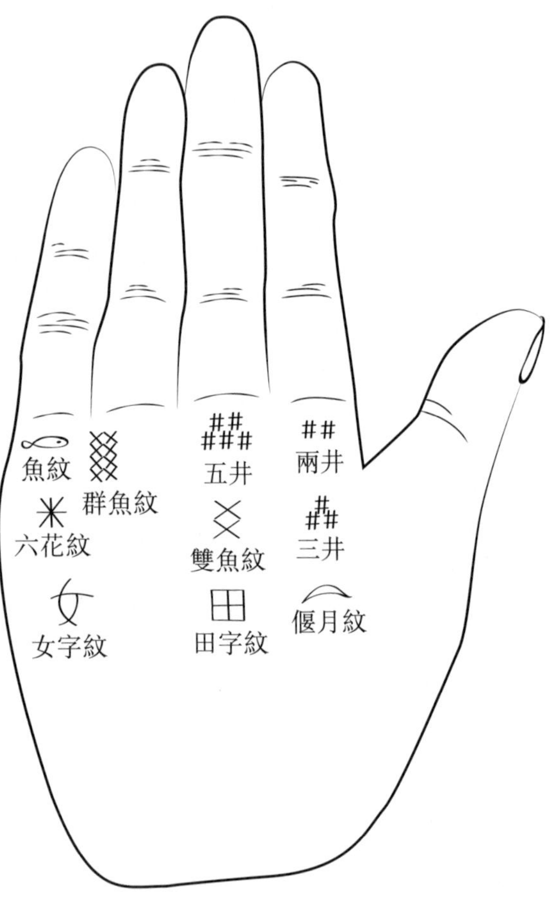

離宮有五井紋——一品之貴

雙魚紋——一品之貴

巽宮有二井紋——主大富

巽宮有三井紋——主大富

偃月紋——一品之貴

田　掌心有田字紋——主富

女　兌位、坤位有女字紋——男女皆得異性之助而致富

群魚紋——在離宮與坤宮之間，主風流快活，一生富足。

魚紋——主一品之貴

六花紋——主一品之貴

其他雜紋——凶紋

繩紋——在明堂，主自縊。

棋盤紋——在艮宮，心緒不寧，大事難成。

棺材紋——那年生、那年死，有缺口則無妨。

盤旋紋——主自縊。

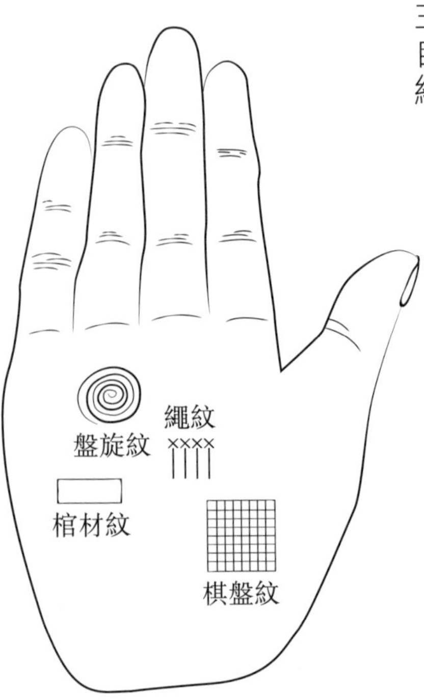

手指節紋

為約紋，古相傳每指有三約為富貴，一約為貧賤，二約平常，以手指基部對上之一節尤為重要。

三約

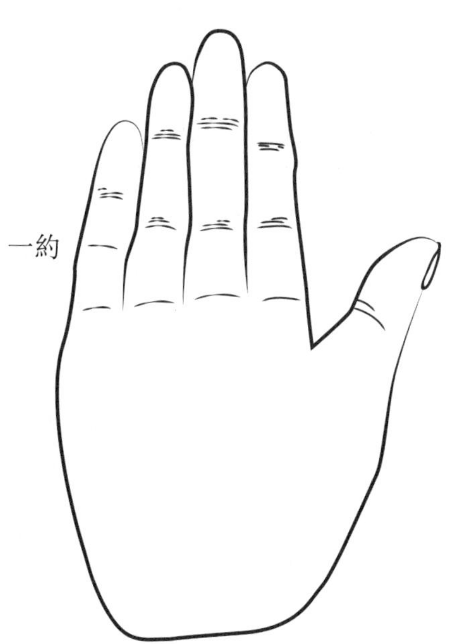

古法論掌紋

古法論掌紋（一）

三公奇紋之圖

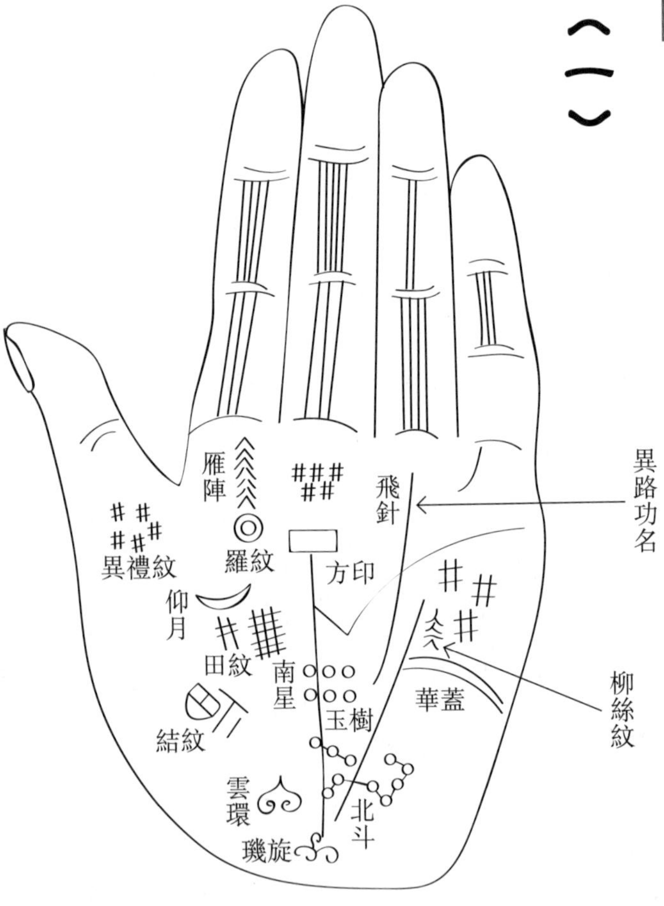

雁陣
羅紋
異禮紋
仰月
田紋
結紋
雲環
璣旋
南星
玉樹
北斗
方印
飛針
異路功名
華蓋
柳絲紋

富貴奇紋之圖

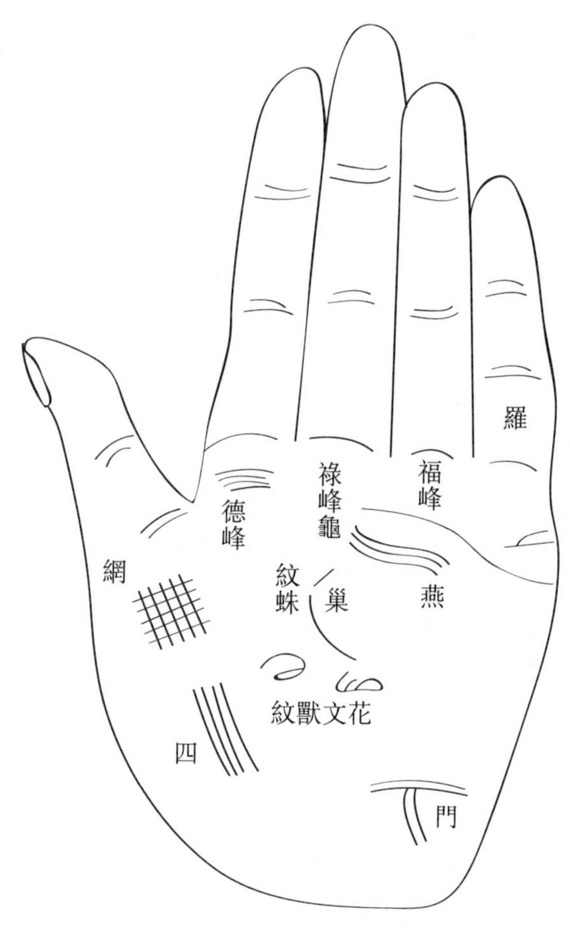

小大超三峰，福生晚景，
好德行帝主。

疾厄祖業紋之圖

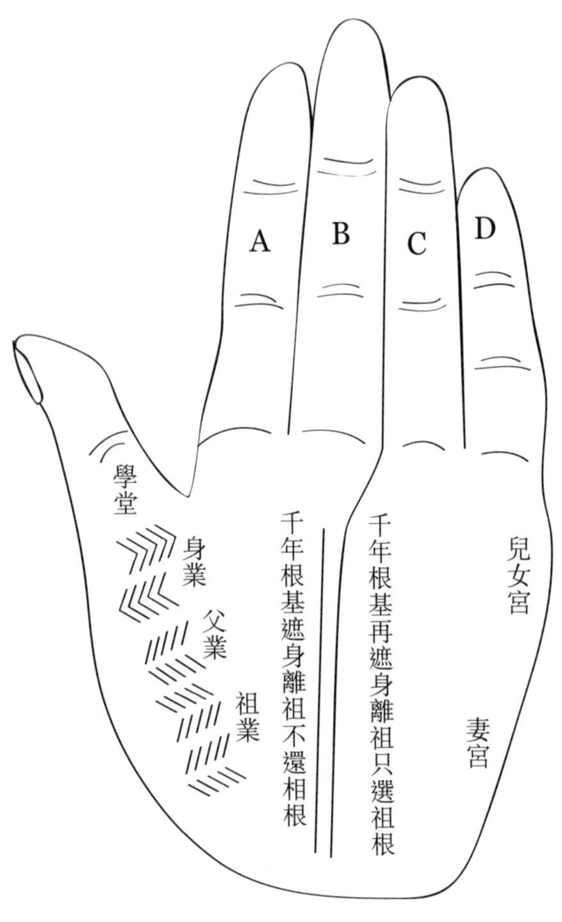

A. 食指偏，早年主眼疾。

B. 中指偏，中年主腳疾。

C. 無名指偏，晚年主腳疾。

D. 小指偏，老主氣疾。

四季紋

春青夏赤秋宜白。四季之中黑喜冬。
秋赤冬黃春見白。夏間逢黑總為凶。

夏
春
秋
冬

拜相紋

拜相紋從乾位尋。其紋好似玉腰琴。
性情敦厚文章異。常得君王眷顧深。

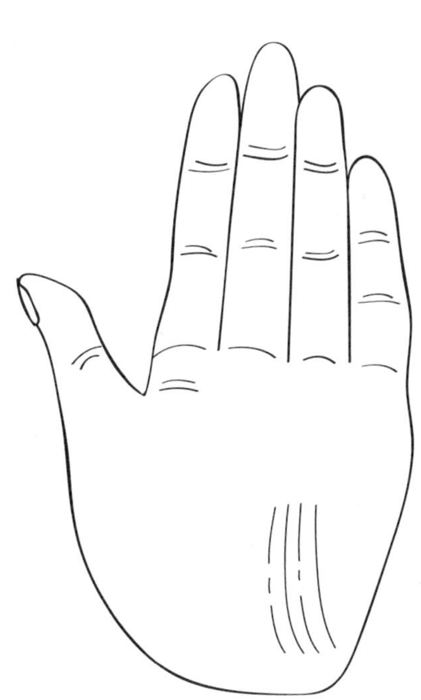

帶印紋

掌上紋如帶印形。前程合主有功名。
莫言富貴非吾願。自有清名作上卿。

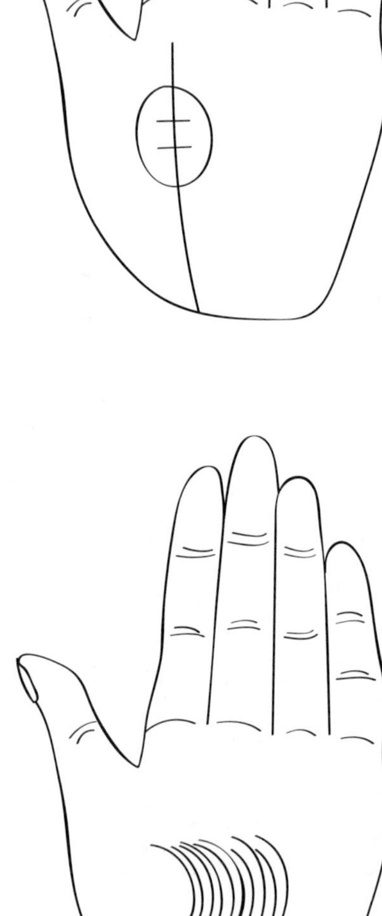

雁陣紋

朝衙文類雁排行。一旦功名姓字揚。
出入皇都為宰相。歸來身帶御爐香。

雙魚紋

雙魚居放學堂中。冠世文章顯祖宗。
紋過天庭更紅潤。為官必定至三公。

六花紋

若人有此六花紋。他日身沾雨露恩。
可許為官需侍從。慶來晚歲曜朱門。

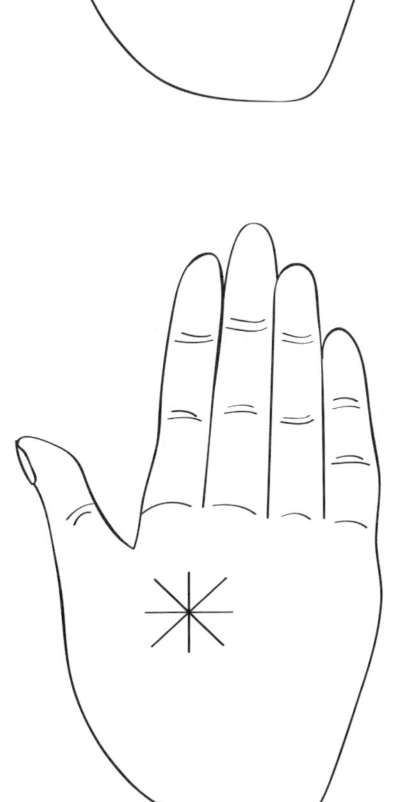

兵符紋

兵符紋現掌中央。年少登科仕路長。
節鉞定應權要職。震戎邊衛擁旌幢。

金花印紋

紋帶金花印立身。此生富貴不憂貧。
男兒指日封侯相。女子他年國內人。

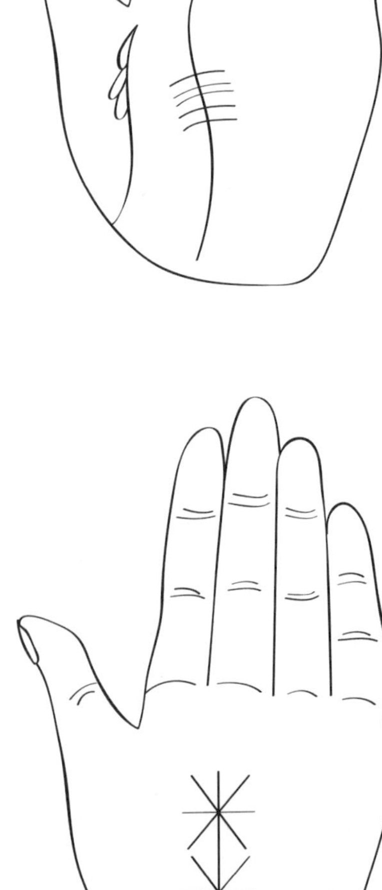

獨朝紋

獨朝紋出正郎身。若逢靴笏更聰明。

因官好好難和事。必定中年祿位升。

懸魚紋

懸魚紋襯學堂全。富貴當時正少年。

一舉首登龍虎榜。跨龍作馬玉為鞭。

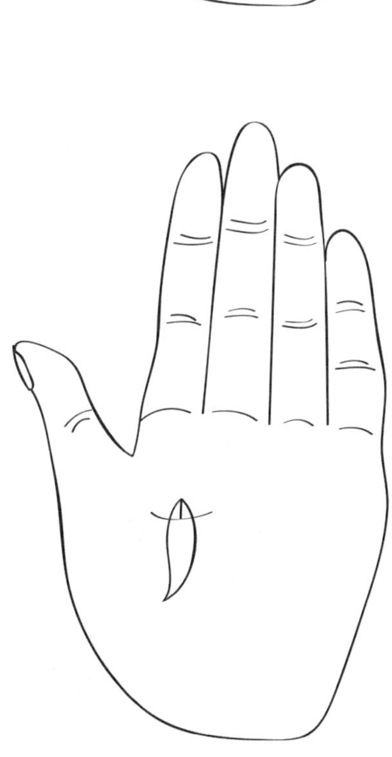

四直紋

四直可名求。中年不用愁。
更宜紅潤色。一旦便封侯。

高扶紋

高扶紋出無名指。膽氣高強難並比。
手紅色潤是多能。自是一生招富貴。

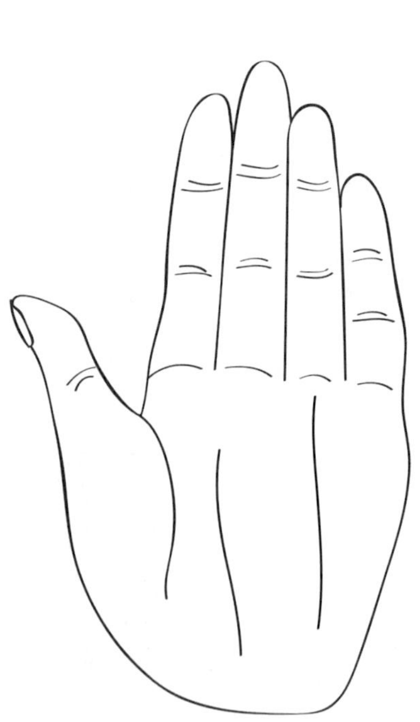

天印紋

天印紋身乾位上。文章才調自榮華。
為官平步天街上。凡庶堆金積滿家。

寶暈紋

寶暈紋奇二相形。端如月暈掌中心。
如環定是封侯相。錢樣需多穀與金。

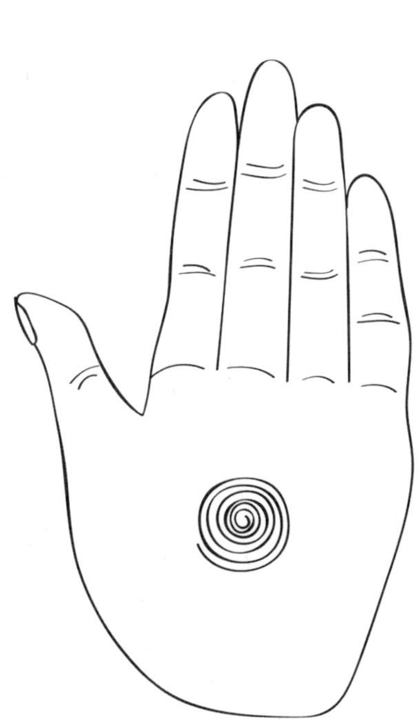

三日紋

三日精榮現掌心。文章年少冠儒林。
需知月闕高攀桂。四海聲名值萬金。

玉柱紋

玉柱紋從掌直去。為人膽智必聰明。
學堂更得文光顯。一定中年作相公。

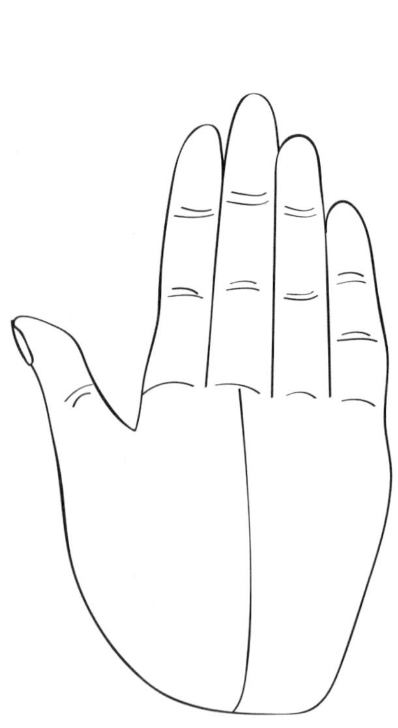

三奇紋

三奇紋現無名指。一路分開三個紋。
生在離宮並掌內。拜相金門宰相臣。

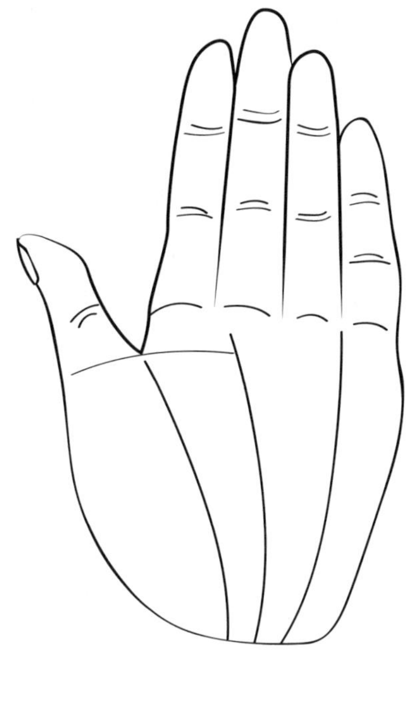

筆陣紋

筆陣紋生陣陣多。文章德行勝鄒軻。
十年得意登科第。福壽無疆着綺羅。

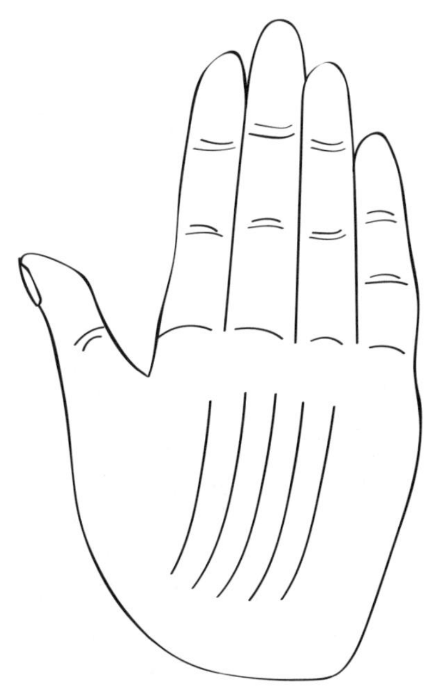

金龜紋

兑宮西岳起隆隆。文似金龜勢象雄。
遐算定需過百歲。居家金寶更雍容。

玉井紋

一井紋為福德人。二三重井玉梯名。
此人必定能清貴。出入朝中佐聖明。

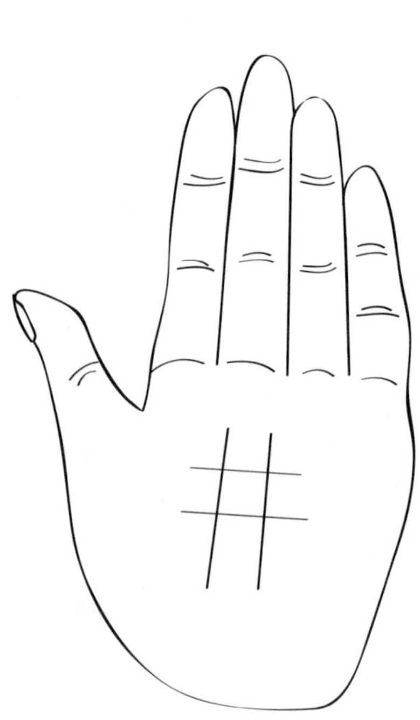

三峰紋

三峰堆起巽離坤。肉滿高如束樣圓。
光澤更加紅潤色。家中金玉有良田。

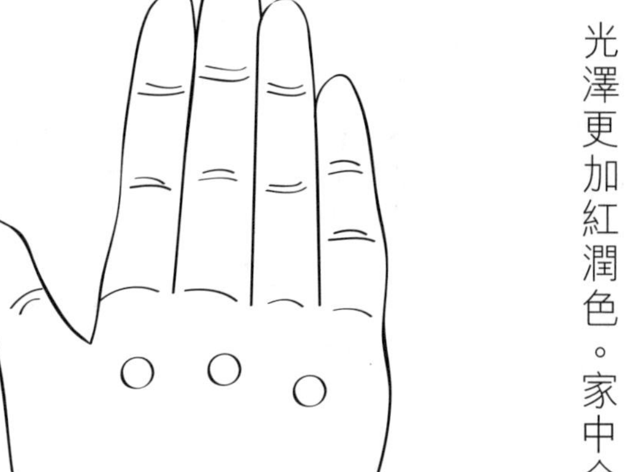

立身紋

立身紋上印帶手。堂堂形貌氣如虹。
他年顯達需榮貴。終作朝中一宰公。

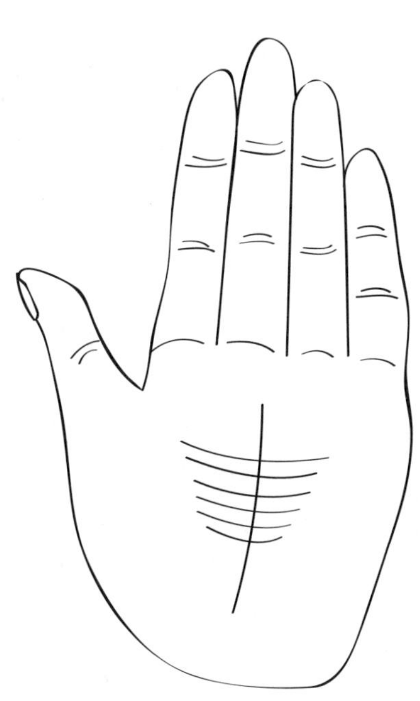

車輪紋

此紋圓滿主車輪。必是皇朝館殿人。更看文全名杖鼓。封作諸侯百里臣。

福厚紋

福厚紋生向掌偎。平生無禍亦無災。憐貧好施多陰德。必主年高又主財。

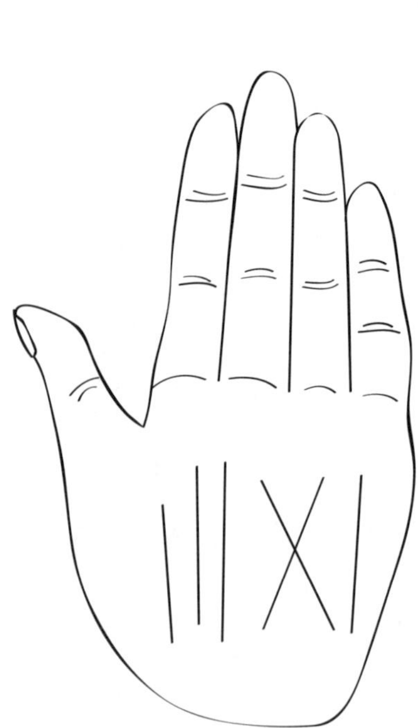

美祿紋

美祿紋如三角形。偏宜三角帶橫生。
自然衣祿常豐足。到處追陪自有名。

學堂紋

學堂紋小卻相宜。清貴之中有福隨。
開廣主人為技藝。大凡事事巧能為。

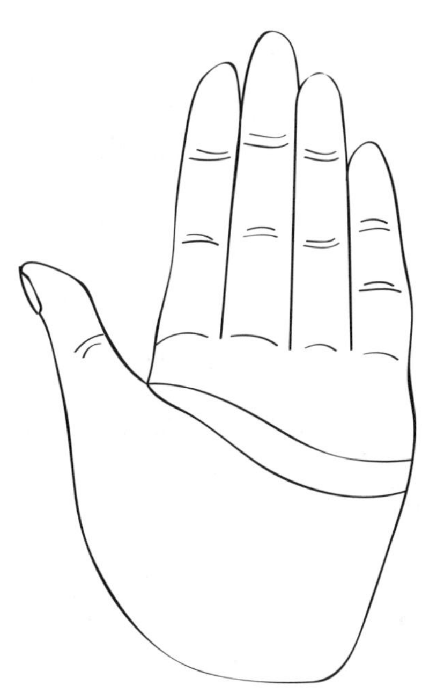

學堂紋

拇指山根論學堂。節如佛眼主文章。
金門選舉需科甲。名譽清高遠播揚。

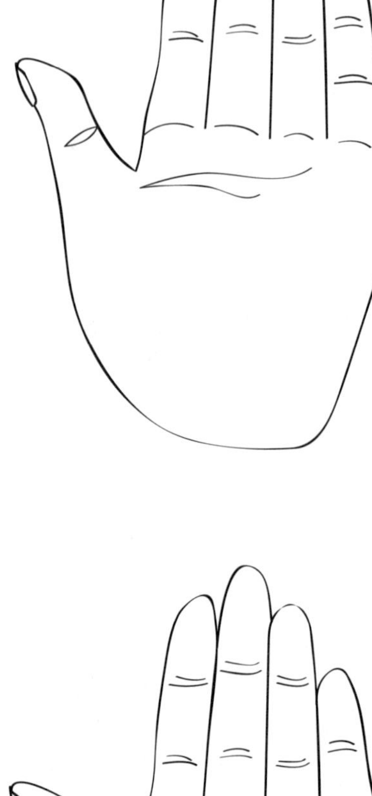

異學紋

異學紋需招異行。聲名長得貴人欽。
為僧為道增殊號。塵俗還需百萬鋃。

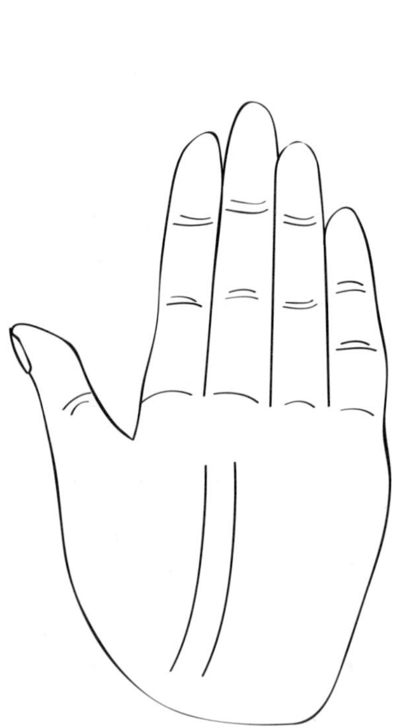

小貴紋

小貴紋奇小貴官。縱無官祿積閒錢。
那堪紅潤兼柔軟。僧道需還管要權。

天喜紋

立身帶天喜。一生多福祉。
榮旺樂人安。事事皆全義。

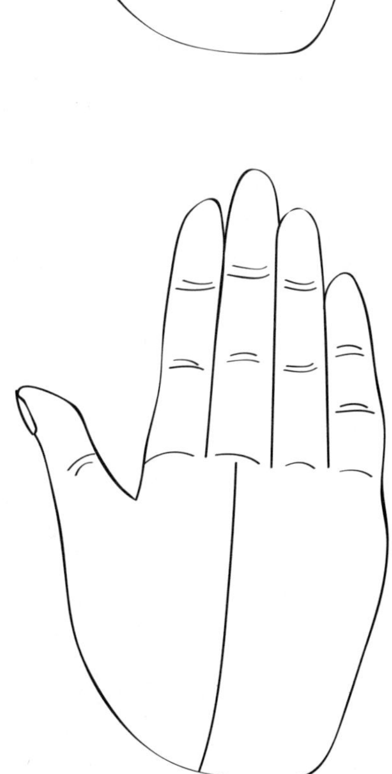

川字紋

五指俱生川字紋。人人益壽得延年。
男兒可比籛鏗老。女子堪如王母仙。

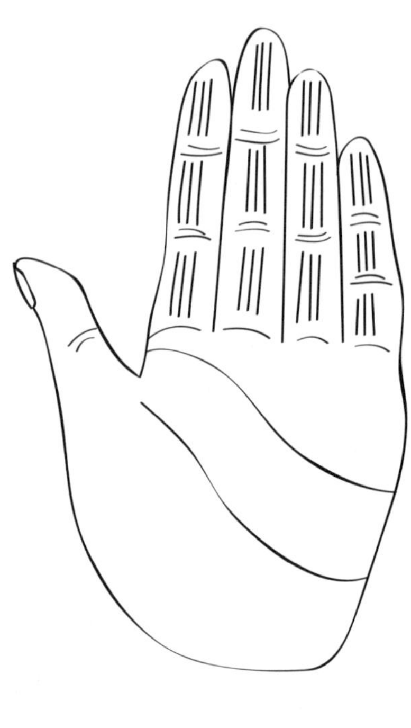

折桂紋

折桂紋名有大才。儒生及第擢高魁。
姮娥月裏頻相約。一日登雲攀桂來。

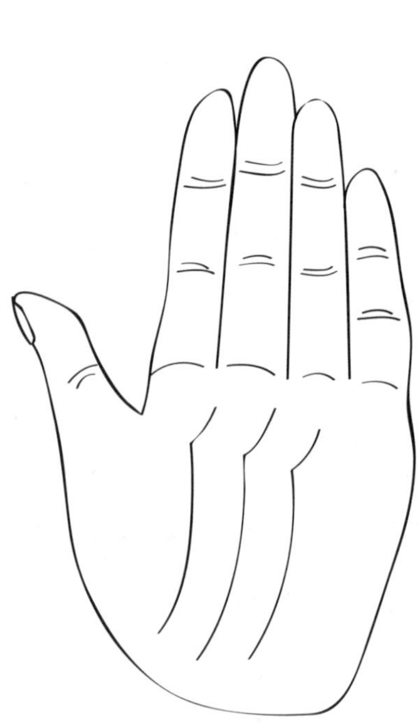

智慧紋

智慧紋名遠譽揚。其紋長直象文鎗。
平生動作常思慮。慈善兼無橫禍殃。

隱山紋

隱山紋現掌中央。性善慈悲好吉昌。
愛樂幽閒增鬧起。末年悟道往西方。

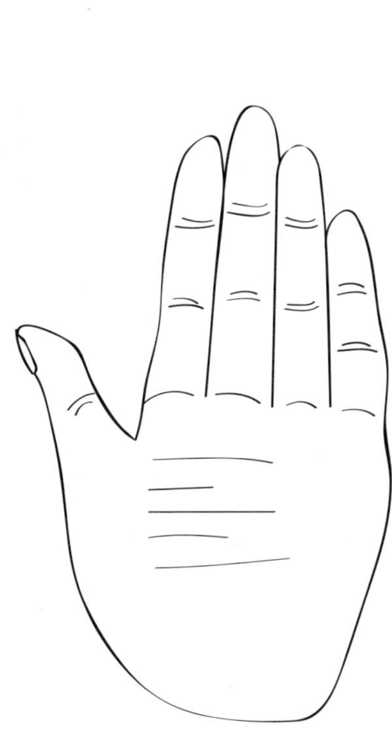

銀河紋

銀河碎在天紋上。必主妨妻再娶妻。
震坎亂紋沖剋破。不宜祖業自興基。

華蓋紋

華蓋青龍陰德同。此紋吉利儘陰功。
或有凶紋加掌上。得之為救不為凶。

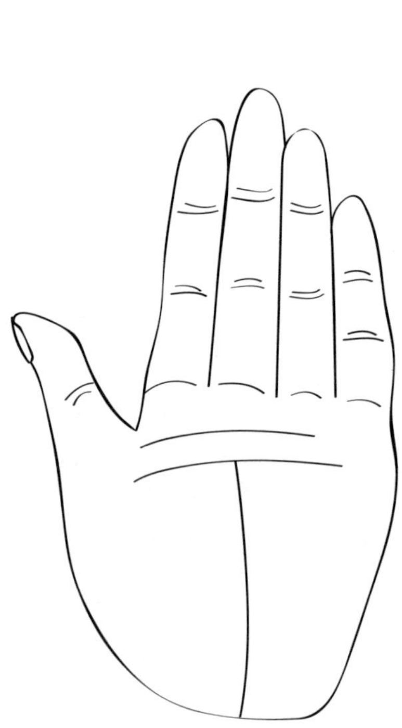

山光紋

山光紋現好清閒。閒是閒非兩不干。
此相最宜僧與道。閒人多是主孤鰥。

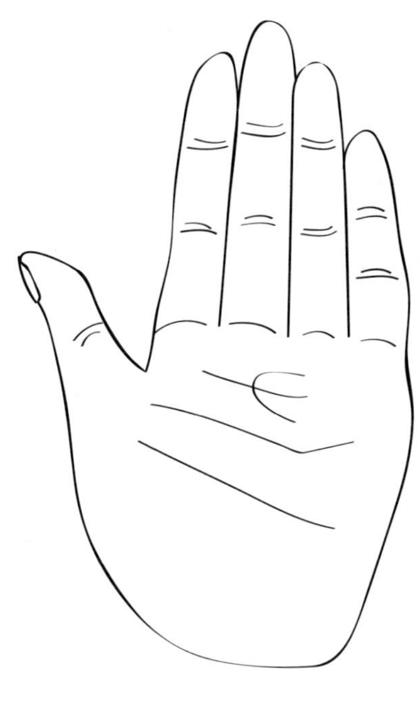

住山紋

身立斜紋是住山。又貪幽靜又貪歡。
老來處世心常動。尤恨鴛鴦債未還。

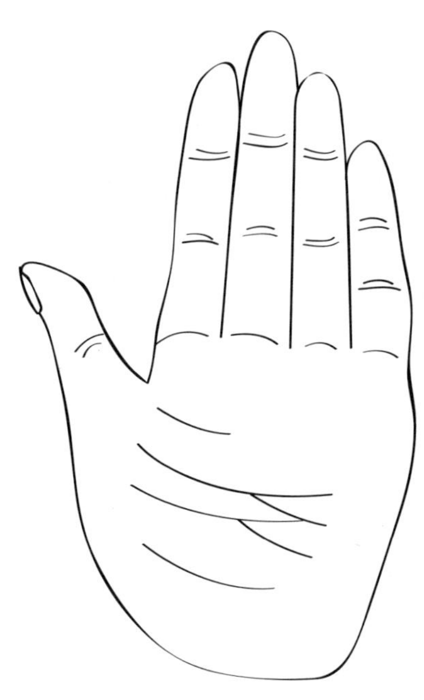

三才紋

三才紋上得分明。時運平生可得平。
主命與財俱有氣。一紋沖破便無情。

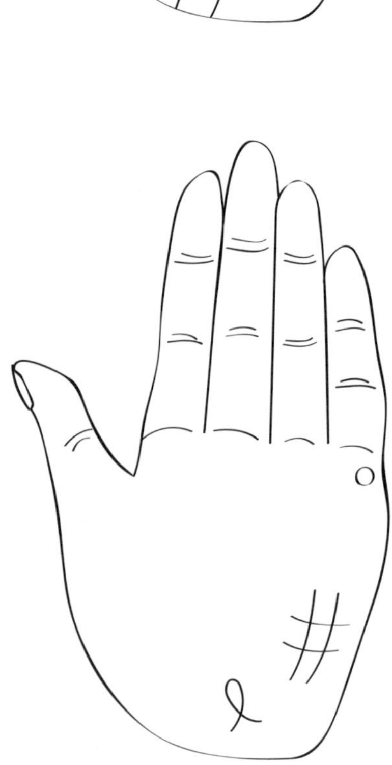

文理紋

文理如魚坎位藏。妻饒相受富田莊。
因何子受官班爵。賴得乾宮井字紋。

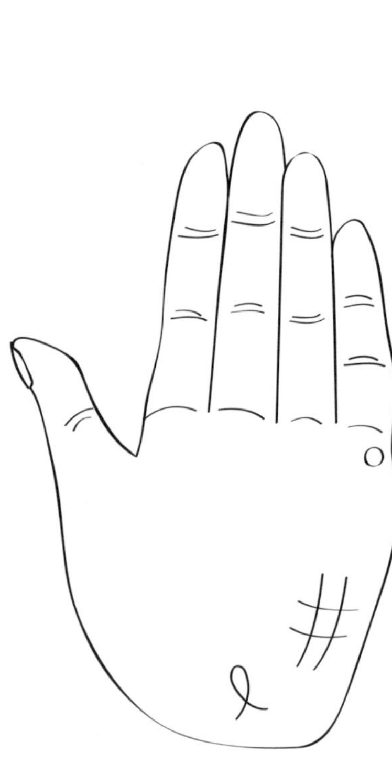

陰德紋

陰德紋從身位生。常懷陰德合聰明。
凶危不犯心無事。好善慈悲好唸經。

色欲紋

色欲紋如亂草形。一生總是好風情。
貪迷雲雨心無歇。九十心猶似後生。

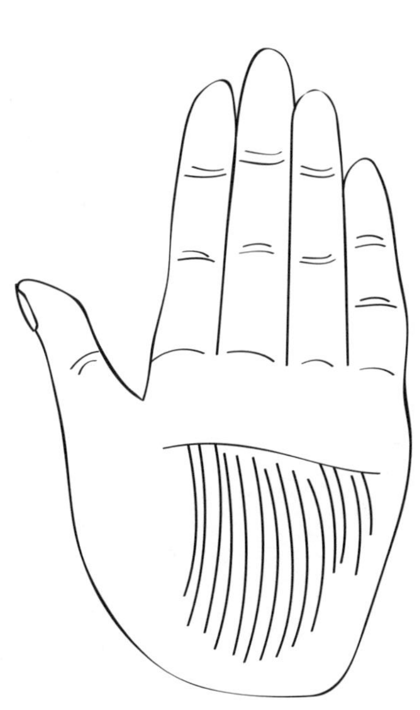

千金紋

人生若欲問榮華。紋若千金直上加。
設使少年人得此。前程富貴有人誇。

離卦紋

離紋沖亂多勞碌。坎位如豐稱晚年。
八卦若盈孤賤相。三山要厚主榮官。

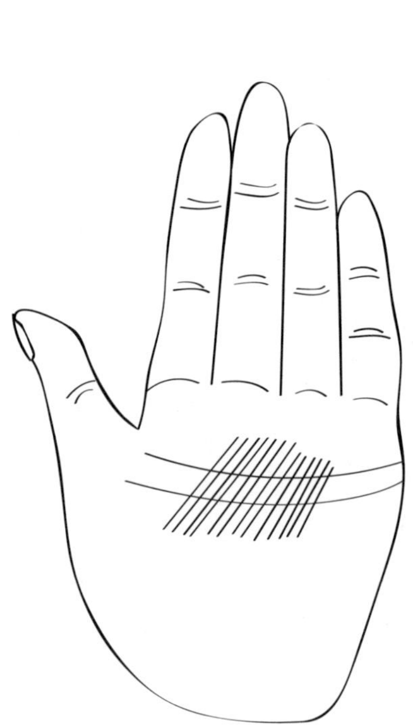

震卦紋

震豐色潤有男兒。紋細誰知子息稀。或遇其中還帶煞。只宜招取別兒宜。

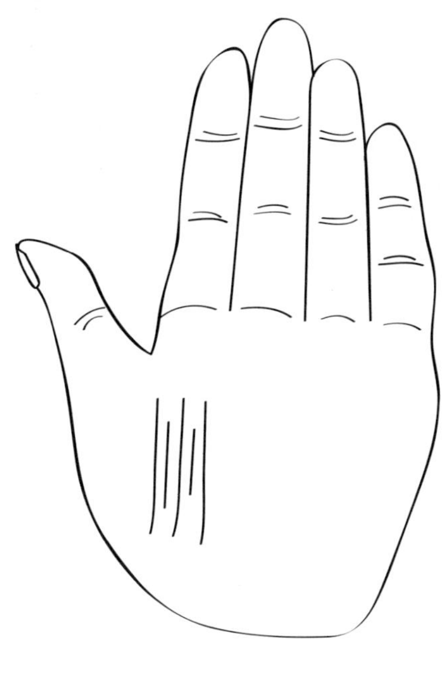

亂花紋

身畔朝生是亂花。平生天性好奢華。閒花野柳時攀折。只戀嬌娥不戀家。

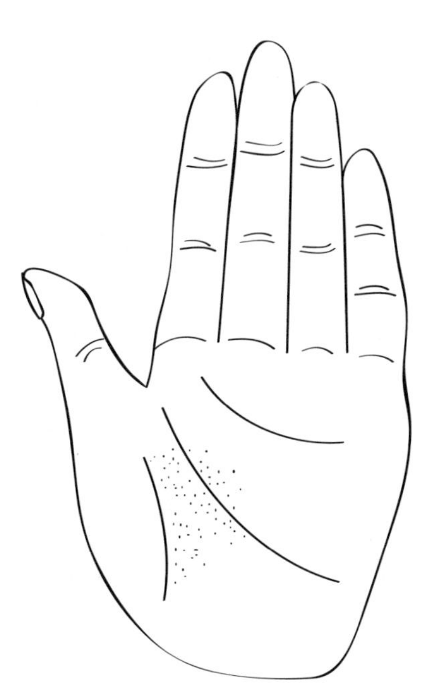

色勞紋

紋如柳葉貫穿河。巷泊風花度歲多。
暮雨朝雲心更喜。中年因此患沉痾。

花酒紋

花酒紋生向掌中。一生酩酊醉花叢。
疏狂好用無居積。只為貪迷二八容。

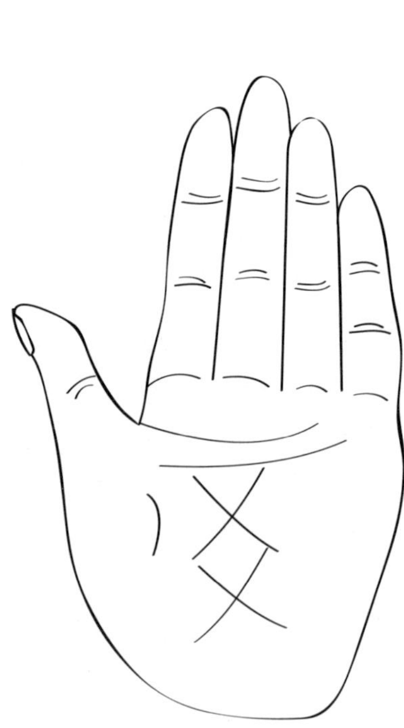

逸野紋

逸野紋從命指尋。兩重直植手中心。

性好幽閒饒好術。一生嫌鬧怕人侵。

花柳紋

花柳紋生自不憂。平生多是愛風流。

綺羅叢裏貪歡樂。紅日三竿纔舉頭。

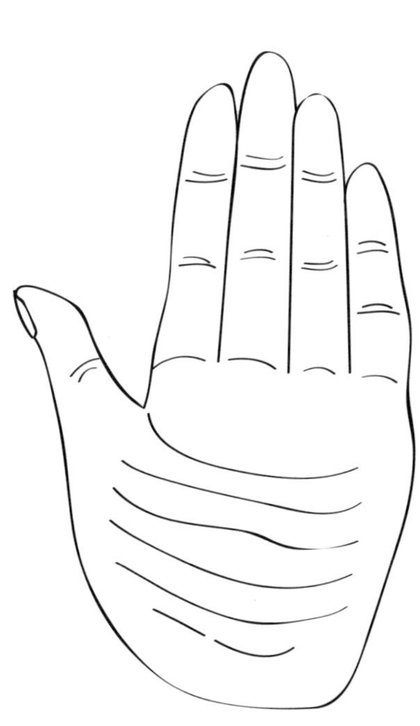

鴛鴦紋

鴛鴦紋見主多淫。好色貪杯不暫停。
暮雨朝雲年少愛。老來猶有後生情。

桃花紋

桃花殺現好奢華。只愛貪杯又好花。
情性一生緣此悞。中年必定不成家。

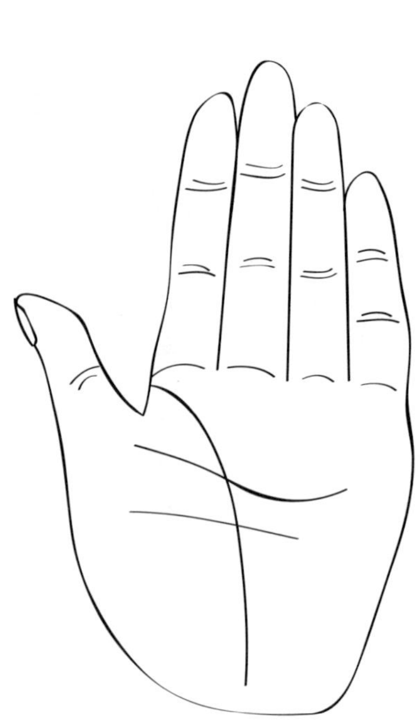

剋母紋

太陰若有紋沖破。必定親生母見之。
若是過房猶自可。親生必定見閻君。

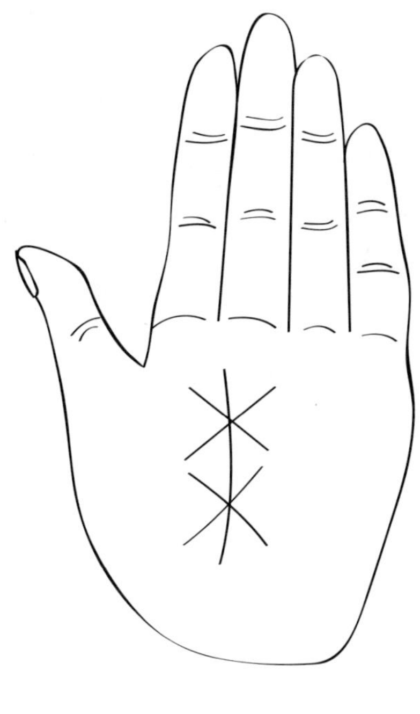

華蓋紋

妻宮華蓋蓋朝妻。招得妻財逐後妻。
皆是五行並掌相。他年更許有男兒。

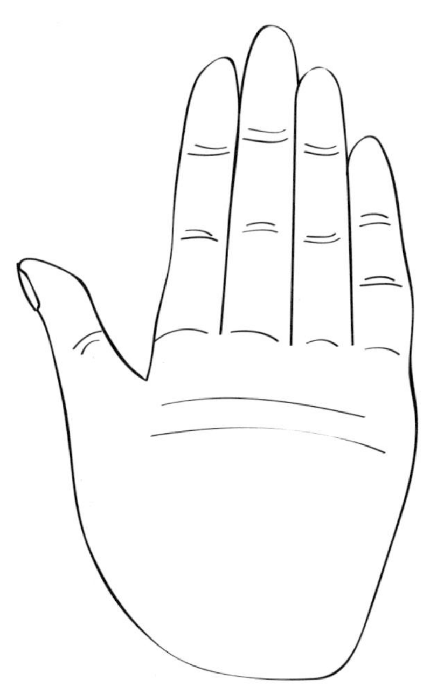

妻妾紋

妻妾生入奴僕宮。有妻意欲通私事。

一重紋

妻宮只有一重紋。沒個妻奴及弟兄。
若有兩紋並四晝。許君後續好兒孫。

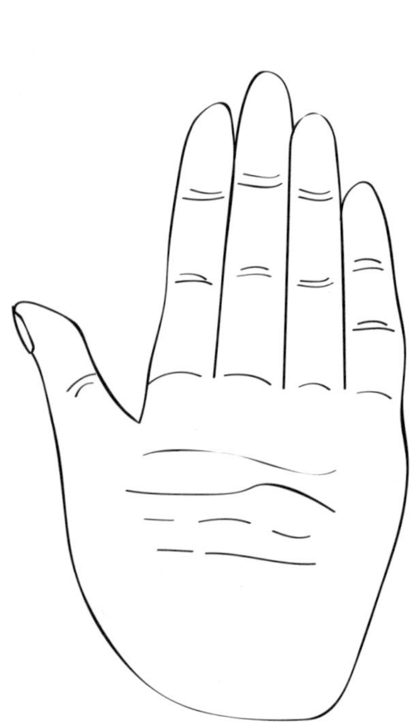

剋父紋

天文劈索朝中指。此是魁心成可喜。
更有二指縫中心。少年剋父無所倚。

朝天紋

妻紋朝入向天紋。妻起淫心悔父尊。
交合遂成雲雨事。人倫不正亂家門。

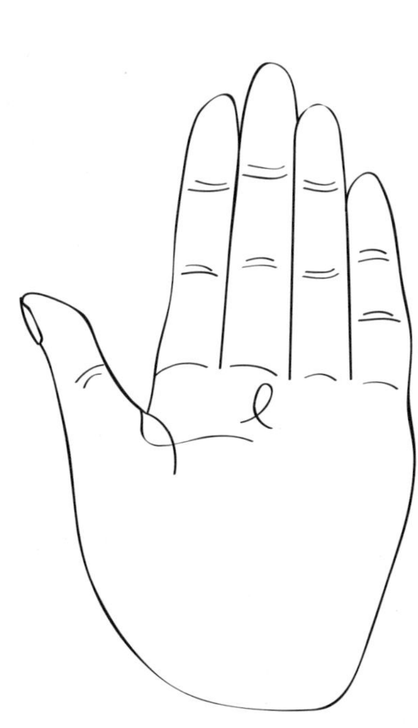

奴僕紋

奴僕紋朝入向妻。必然奴僕共淫之。
妻心不正奴心壯。致此君家有此為。

生枝紋

妻位色生枝。天生狡猾妻。
丈夫能省半。闔子賴施為。

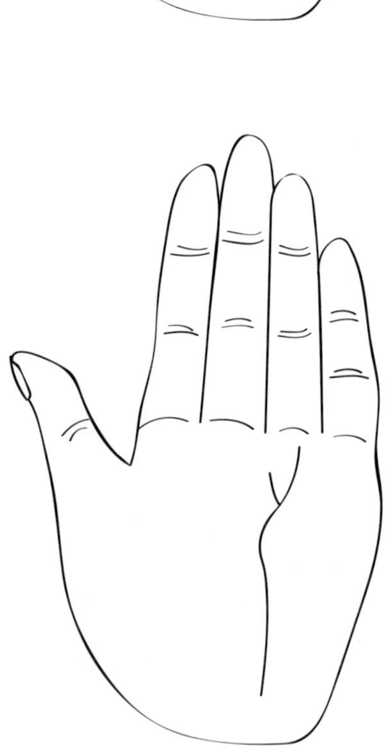

劫煞紋

劫煞金紋散亂沖。又多成敗又多凶。
初中災了無刑害。妨限需教得意濃。

三煞紋

三煞紋侵妻子位。末害妻子空垂淚。
若還見剋後需輕。免致中年孤獨睡。

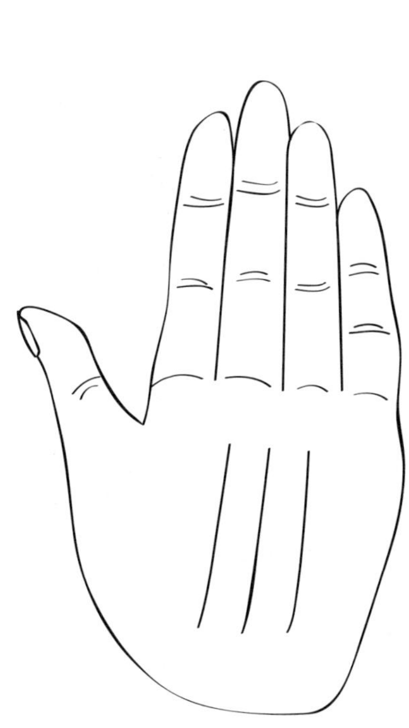

朱雀紋

朱雀紋生向掌來。一生終是惹官非。
若有義紋猶自可。最忌兩頭口又開。

貪心紋

天紋散走有貪心。只愛便宜機未深。
對面身心難捉摸。他人物事若相欺。

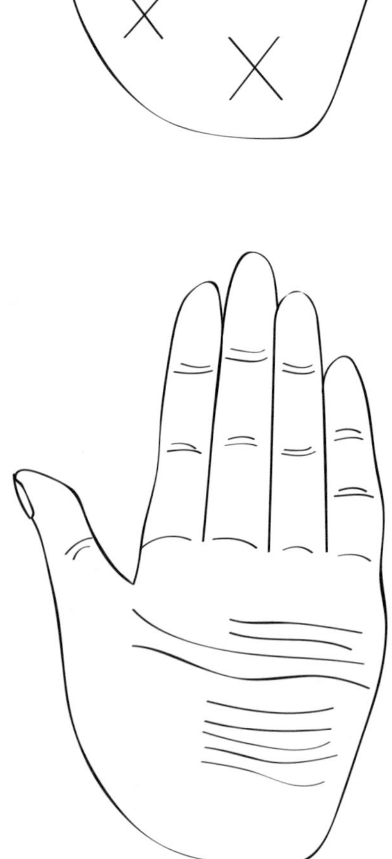

月角紋

月角陰紋出兑來。平生偏得婦人財。好事也需當戒忌。莫教色上惹官非。

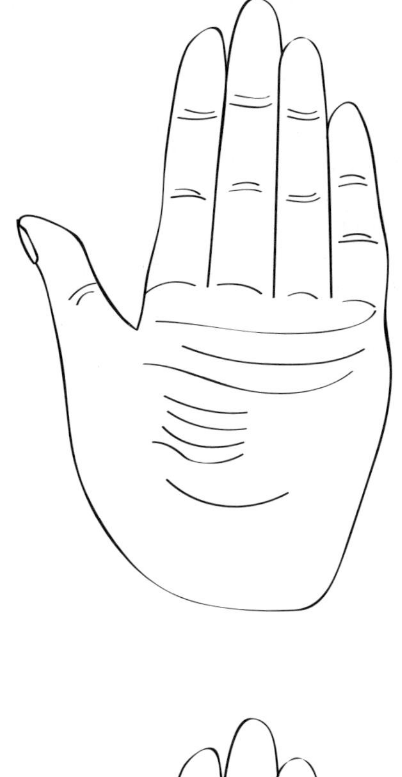

亡神紋

手中橫直號亡神。破了家財損六親。到處與人皆不足。更防性命險難憑。

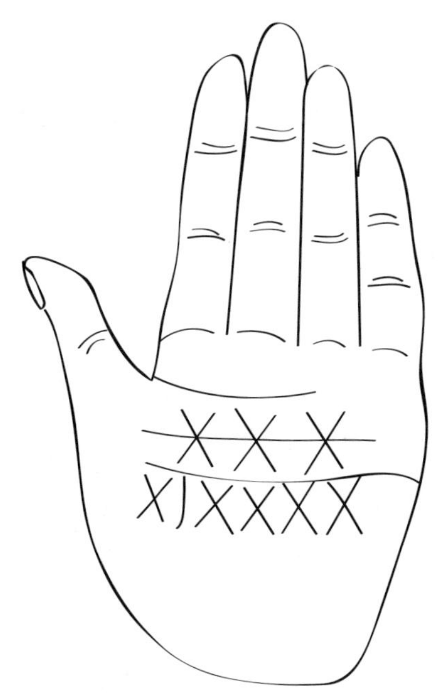

酒食紋

橫來酒食紋何似。坤上差池入巽宮。
好似斜飛三燕子。每橫逢阻貴交中。

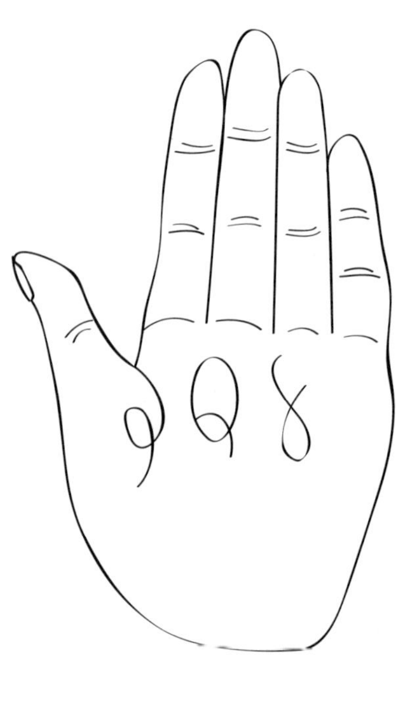

過隨紋

掌法文名是過隨。早年無怙不傷悲。
豈思卻有隨娘嫁。拜啓他人作養兒。

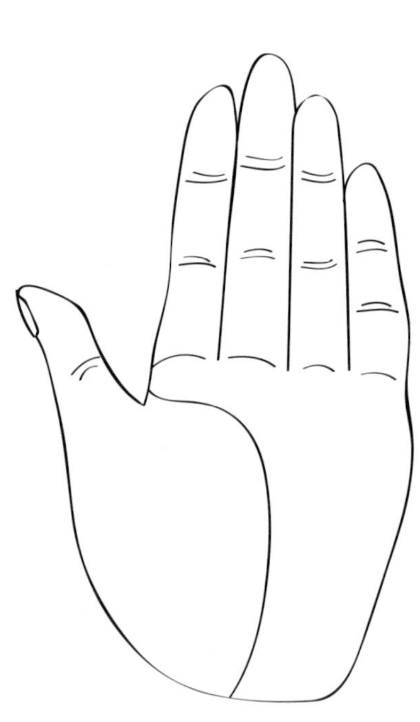

偷花紋

偷花紋現自多非。別處風花戀暗期。
自有好花心不喜。一心專戀別人妻。

花釵紋

花釵紋現主偷期。巷陌風花只自知。
到處得人憐又惜。貪歡樂處勝西施。

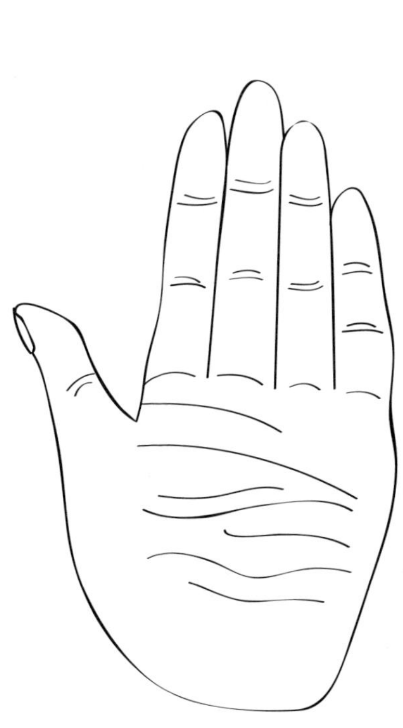

桃花紋

桃花紋見主情邪。柳陌花街即是家。正是中年臨此限。夢魂猶戀一枝花。

魚紋

妻位紋有魚。清貴更何如。期妻能守節。沖破卻淫愚。

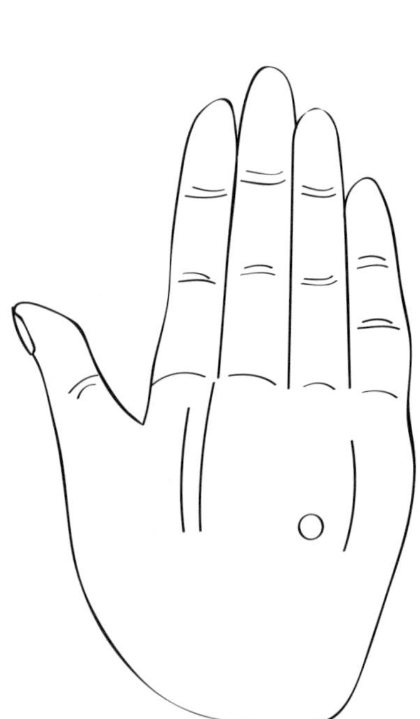

古法論掌紋（二）

許負相手篇

手有直理。合有福祿。永無災害。手有橫理紋。殺害不需論。手有縱橫紋。爵位至三公。黑子掌中。財食無窮。黑子手裏。多婦少兒。掌四方厚。中央薄。兼有深法。益仕宦。財食安樂。掌通四起。容止君子。手有仰羊。行不裝糧。手有三的紋。必使奴僕，手一紋必為奴。走腳。或作客。兼貧無福。十指三紋並通。財食無窮。手如虎屈。貧寒至骨。手爪如瓶瓦。必作大富。長者爪忽缺落。厄病數着。若似龍虎。貴名難得。龍龜紅直。必得官職。男手如錦囊。祿位似公王。女手竹竿槍。福祿至無疆。

詩曰：貴人十指軟纖纖。不但清閒福自添。
若還損折非君子。可斷凶愚不識嫌。

論掌紋

手中有紋者。亦象木之有理。木之紋美。名為奇材。手之有美紋者。乃貴質也。故掌不可無紋。有紋者上相。無紋者下相。紋細而深者吉。紋粗而淺者賤。掌上三紋。上畫應天。象君。象父。定其貴賤。中畫應人。象賢。象愚。辨其貧富。下畫象地。象臣象母。主其壽夭。三紋瑩淨。紋無破者。福祿之相也。縱理多者。性亂而災。橫理多者。性急而賤。豎理直貫上指者。百謀皆遂。亂理散出指縫者。諸事破散。紋細如亂絲者。聰明美祿。紋粗如橫木者。愚魯濁賤。紋如亂剉者。一世貧苦。紋如散糠者。一生快樂。有穿錢紋者。主進資財。有端笏紋。插笏紋者。文官朝列。十指上如旋螺者榮貴。紋漏出指節者破散。十指上紋橫三約者貴。破為奴婢。十指上紋橫一鈎者。賤被驅使。有龜紋者將相。有魚紋者郎官。有偃月紋。車輪紋者。吉慶。有陰騭紋。延壽紋者。福祿。有印紋者貴。有田紋者富。有井紋者福。有十紋者祿。有五策紋上貫指者。名光萬國。有按劍紋。加權印者。領軍四海。有結關紋者。凶逆而妨害。有夜叉紋者。下賤而偷竊。大凡紋雖好而久破者。皆為缺陷無成之相矣。

論手背紋

手背之紋，其驗尚矣。故有人和之理。五者皆近於上兩節者。謂之龍紋。主為天子之師。下節為公侯。中節為使相。無名指者。主卿監。小指者。主朝郎。大指者主巨富。手背五指。皆有橫紋旋繞者。主封侯。生立理貫者。主拜將相。手背食指之本。亦謂之明堂。有異紋黑子者。主財藝高貴。若成飛禽字體者。主為清顯之貴。大指本有橫紋者。謂之空谷紋。至裕無所不納。主大富。有繞腕紋。周旋不斷者。謂之玉釧紋。主人敬愛。一紋二紋者。主朝暮之榮。三紋仰上者。主翰苑之貴。男女皆同。其紋雖得周匝。若或斷絕不匝。乃取證無驗矣。

相掌善惡

此紋朝三指上者。平生快樂風流。此紋在坎宮似柳絲者。積代簪纓富貴。此紋合主聰明為顯官。此名繩紋。在明堂者。主自縊。╳此名交紋。在兩指下。主兩處根基。假子興家。異姓同居。人此名兩條紋。合主聰明。在掌內紋。為華蓋星。此紋似雙魚。平生手足兄弟和美。若魚尾貫指。需富。此為金井紋。掌中者。大貴。#雙井#三井。富貴。坎宮井朝震宮井。良田萬頃。十此為十字紋。手中貫出天庭者。大發。平生有權。口此為金印紋。在明堂。方正明白者。少年登科。此為玉階紋。在堂中。主有科名。此為棋盤紋。在艮宮者。心本無事。愁緒萬端。此為穿錢紋。主富貴。

詩曰：手軟如綿色更紅。巽宮離位起高峰。
若然官祿紋端正。坐享榮華勝祖宗。

坎宮紋直上離宮。富貴平生處盛隆。
更有一般堪羨處。老年又見好家風。

印紋不拘部位。但是印足矣。⊠交紋印。⌓象眼印。△三角印。手手字印。女女字印。凡手中有印。為人有信。自小無非橫之災。一生不畏鬼神。近高有權柄。|此為衝天紋。在掌中。為天柱。主壽。穿過離宮。直過指節。主富貴。此宮名天一貴宮。離為官星貴宮。坤為福星貴宮。五指俱穿。為五福俱備。過初中末限有此紋。不流出者。主此限發福。隨掌高低斷之。一斷一續。一成一敗。〻此為斷紋。在右手為把刀紋。不利母。左手為執劍紋。不利父。俗云。左斷右不斷。骨肉損一半。兩手一切斷。兄弟不相見。◯此是眼紋。在大指。名夫子眼。主聰明。在坤宮為佛眼。主刑剋。在掌中為道眼。主性靈。◎此為金梭紋。主得陰人。◇此為三角眼。在坎宮為鼠眼。主好偷盜。女此為花柳眼。好淫泆。在坤宮為流淚眼。在第二指為青眼。近貴。在巽為貫索眼。主發橫財。人此為蓮花紋。在掌中為合掌蓮花。宜作僧道。

▭此為棺材紋。逐年旋生。在艮宮。非有紋。乃自凸起。生不全者無妨。生全者不問前後。其年生。其年死。一片淹滯災撓。二片孝服。三片重重災事。四片死在旦夕。如艮宮掌中黑。死期近矣。古人云。艮上不宜鋪白板。掌中曾認宿烏鴉。坎宮黑者。落水死。震宮黑者。被雷傷。兑宮黑脈過艮。主虎傷。巽宮黑脈過乾。主蛇傷。離宮黑脈過坎。主見災。◎此為盤旋紋。主自縊亡。如無紋。乃黑脈也。兑宮棺材紋。有黑脈相衝。謂之催屍殺。必死。若有黑紋。自立身紋起。直穿二指上節。謂黑氣衝天。性命過關。縱無棺材亦凶。

三點相連大好。更以所出處成字異相。巛八女酉井用壬手田头化武友虎。凡手中成一字。終身受用不盡。生在身命宮上。自身主貴。生在父母宮上。父母貴。生在子宮上。子孫貴。生在妻位上。妻貴。生在兄弟位上。兄弟貴。但要紋理方正。

(|)(八)川3斷頭紋。⋛橫屍紋。刀刀字紋。丁丁字紋。开枷鎖紋。X夜叉紋。土土字紋。火火字紋。川産死紋。乃乃字紋。血妒妻紋。以上凡手中犯一字者。大凶。若是甲

破而黃。手斜而曲。骨粗而毛旋逆。角紋橫直指折曰廢疾。主徒紋。刺字。軍役。自殺。自刑。十五種凶亡。數內有紅潤色。及有陰德華蓋紋。可折一半。《華蓋紋。主聰明。看指紋大小。尖禿。淡濃。淺深。曲直。隱浮。聚散。起伏。太粗為人性慢。作事不思前後。好紋得利。惡紋為災殃。紋深入內。為機沉思慮。作事不測。曲紋背曲偎僻。不忠不直。一生作事難成。直聳而長不曲。性直而忠誠。不藏事而總明。有隱紋不見。作事不顯難知。浮紋不入內。為人輕浮好高。事多難成。一生浩蕩。聚紋交鎖。為人心邪。多學少成。得人嫌。一生勞碌。散紋無定。一生散失。作事無就。吉凶未應。起自下而向上。作事有成無廢。吉凶皆應。起自高而向下。作事性快不成。沉滯少通。大抵有掌有紋。繁華一世。無紋有掌。始終不足。有紋無掌。有榮無辱。紋大性小。有事高叫。一語便嗔。回頭相笑。

詩曰：斷紋性難理。高強起伏低。言多招怨恨。朋友不相宜。
棋盤志萬端。撓事心無足。弄巧又成拙。終需幹一般。
紋大應無毒。心慈口卻多。自身愁自脫。閒事又相過。

六合心慈善。為人多應變。出入眾所欽。貴人偏相戀。

紋直所為直。直言諫別人。忠言多逆耳。轉背卻生嗔。

羊刃性憂煎。般般手向前。雖然多執拗。卻得貴人憐。

玉掌仙傳

相掌之法。先看八卦。次察五行。指有長短。掌有厚薄。或看骨肉而分貴賤。或驗紋理而定吉凶。其形不一。其斷無差。△結角紋。◎日羅紋。⟆雙魚紋。凸玉階紋。卄金井紋。川飛針紋。«雁陣紋。))偃月紋。ꝏ雲環紋。了然特出。堪羨奇紋。∴∴南星現於宮中。極品高官。∴北斗列於正位。膺封上將。∴九螺生於八卦。定為裂土諸侯。口一印出於三峰。終作分茅屏翰。卌離宮五井。必為一品之尊。品掌心三印。定主侯伯之位。乾宮高聳。主長子之權豪。坎卦充隆。受前人之庇蔭。艮宮剋陷。損子女於初年。震上高朝。豐田宅於一世。巽宮散亂。多是遊蕩之徒。離位受傷。定為役夫之輩。坤方豐隆。子孫蕃衍之慶。兑宮突起。奴僕環列之歡。心虛者其紋必顯。心昧者其理不明。甲如筒瓦。瀟灑心神。甲似瓜皮。沉昏神氣。甲薄者命年短促。甲厚者壽算延長。甲尖者小智。甲破者無成。甲滋潤則財穀豐盈。指尖長則文學貴顯。高張華蓋。平生智出於眾人。尖起三峰。限數福生於晚景。節似雞卵。一生多得橫財。掌似燕巢。萬頃富饒田產。兩掌薄而指尖。清貧不貴。十指短而掌厚。濁富欺心。合而詳參。理無差忒。

八卦穿宮論

乾宮紋上離宮。父主富貴。乾宮紋上巽宮。父主破敗。乾宮紋上震宮。父遭雷擊。乾宮紋上坤宮。妻子俱刑。乾宮紋過艮宮。父遭水厄。乾宮紋過坎宮。棄祖業而奔他鄉。乾宮橫紋。難受祖業。

八卦穿宮

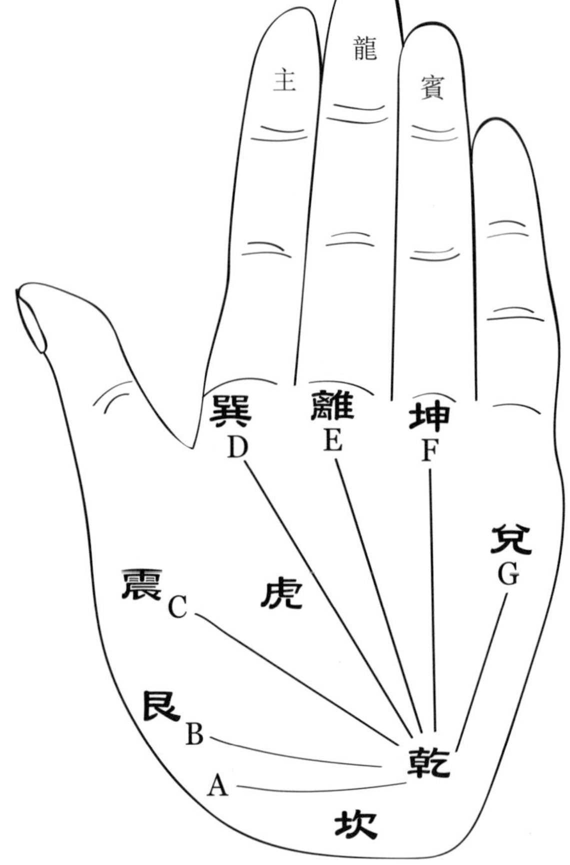

A. 離家奔走，不得祖業。

B. 父主水災。

C. 自己過房，父主電災，母主巽皆疾病。

D. 父主破財。

E. 父主富貴（乾宮上離宮之紋為沖天紋，主少年得權印並得財而貴子。）

F. 聰明，但刑妻剋子。

G. 少敗家業，老主孤貧。

坎宮紋上離宮。不貴即富。名曰水火既濟。子孫富貴。坎宮紋上巽宮。自主破敗。坎宮紋上坤宮。妻子有刑。及妻家敗。主三四妻。坎宮紋入兑宮。難為奴僕。並長妻。坎宮紋如絲。主現成根基。坎宮有紋不斷直上。自手根而起。平地發福。白手興家。

艮宮紋上震宮。主承祖宗蔭。艮宮紋上坤宮。主兄弟刑傷。

震宮紋上坤宮。主內助家富貴。震上紋多。招性急之妻。不然有疾病。震宮黑者被雷傷。巽宮只宜豐厚。不宜紋破。沼漏缺陷。巽宮有井紋或印紋。或三人紋。不出指者。主性慳吝不住財。巽宮紋出沼者不住財。巽宮一峰最高大者旺財。初年發福。巽宮黑脈過乾宮者。主蛇傷。

離宮紋直下入大指節。主淫父妾。離宮高。主享高官厚祿。中主顯達。離宮黑脈過坎者主見殺。

坤宮有紋過巽宮。主背竊母財。坤宮有川字紋破者。嫌正妻而寵妾。坤宮有十字紋者。平生得橫財。陰貴扶助。坤宮一峰高。主有福德終吉。坤兑二宮有女字紋。

得女人財。掌中有女字端正。因女人成家。穿破因女人破敗。

兑宮黑脈穿過艮宮。為棺材紋。謂之催屍殺。必死。

掌三才論

夫三才紋者。掌中三大紋也。不論高低。人皆有之。乃在母胎受氣成形。擎拳掩耳而成。十分辛苦。此三紋不沒。自上至下第一紋。居火為天紋。主根基。第二紋居土為地紋。主財祿。第三紋居明堂為人紋。主福德。於此三限中取三紋。若三限上無紋。於壽紋上取。壽紋上若無紋。於三才上取。三才紋。需取於面相參之。庶得其真矣。

掌根基論

坎宮有紋如絲者。享現成之根基。艮上生一紋直上者。受祖宗之福蔭。坎宮紋開三股。主三處住場。紋開兩股。主兩處根基。不然離祖。斷續者。承接他人根基。紋自坎上離宮不斷。名曰水火既濟。平地發福。白手成家。子孫榮貴。

掌財祿論

巽宮有金井紋金印紋。不出指者。主性慳吝。可住財。坤兑二宮有女字。可得陰人財。掌中有女字端正。因女人成家。紋理穿破者。因女人敗。震宮有紋。主招性急多口之妻。不然有疾。能持家旺財物。坤宮有十字紋。生生得橫財。陰貴扶助。若女人掌上震宮高厚。軟而紅潤。有穿錢紋。細印紋。主奪男子權柄。必大發福。若低陷紋流。不可住財。仍主刑夫剋子。難為骨肉也。

掌心性論

夫察人之心性。觀紋見掌。知掌地則知心地。掌平心亦平。紋直心亦直。紋橫心亦橫。

第八章 掌紋

掌善惡圖

華蓋紋掌

利陰德，即使有凶紋亦逢凶化吉。

條紋掌

乂交乂紋——主異性過房。

刃刀條紋——手執刀劍，左不利父，右不利母。

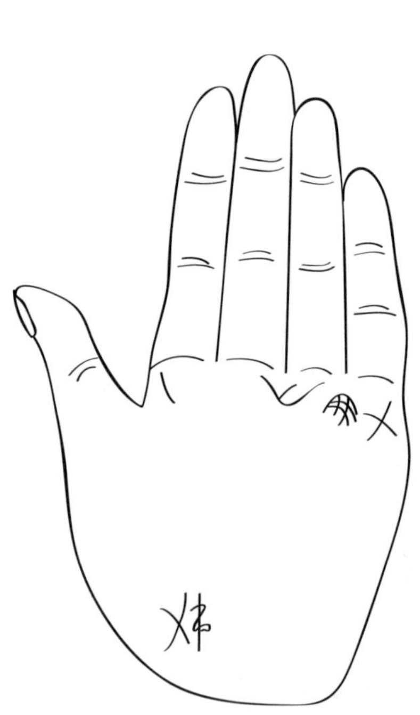

快樂富貴掌

XXX
XXX
XXX
XXX——此紋生乾三指上，平生快樂風流。

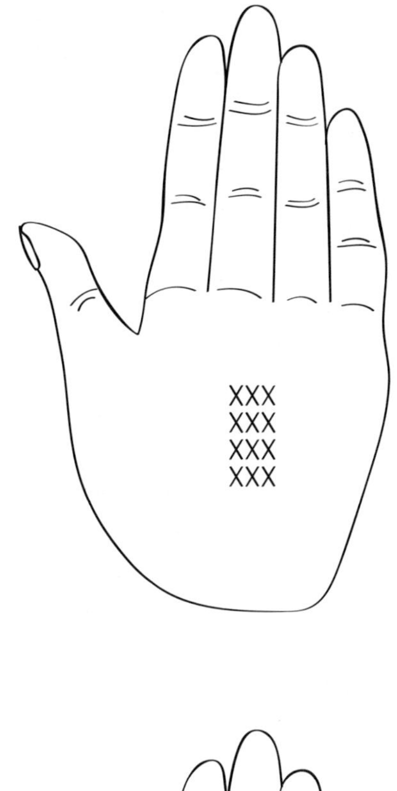

魚尾井字金印掌

魚尾紋。

井井字紋。

□印紋。

有此紋者利功名，良田萬頃。

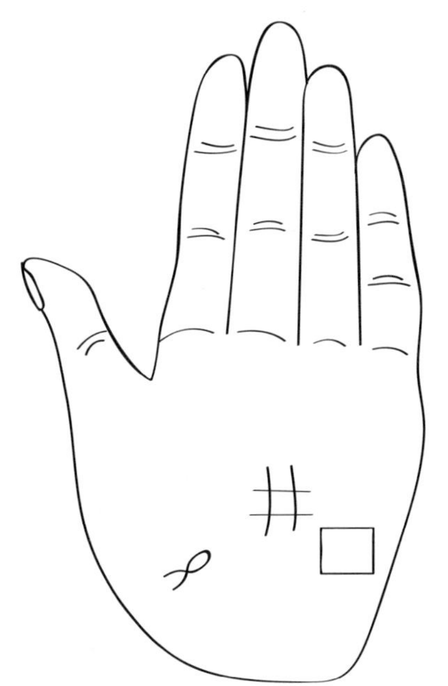

玉階紋掌

玉階紋——掌中有此紋，主得功名財帛。

金井紋——貴。

華蓋聰明

華蓋紋——主聰明。

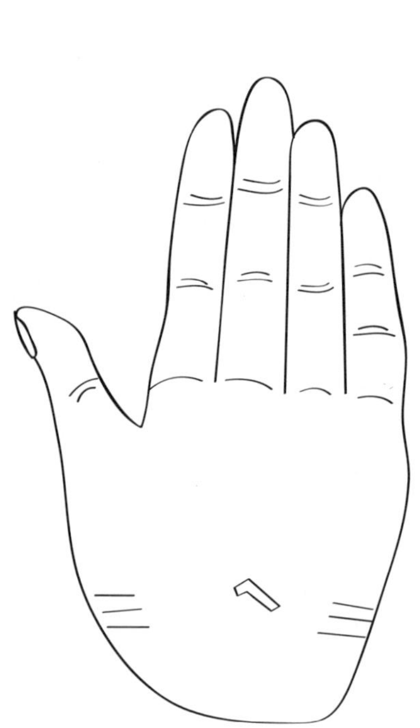

象眼金梭玉掌

△象眼紋——又稱「三角紋」，主平生近貴，少橫禍。

◎金梭紋——主得陰人之力。

男女紋掌

男女男女字紋——主為人守信，無災無難，不畏鬼神，平生近貴。

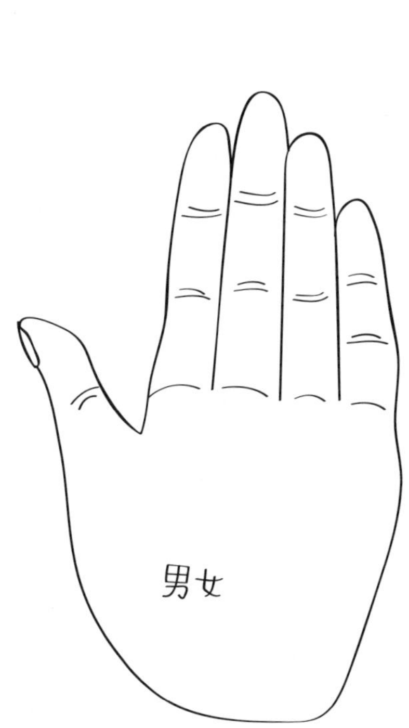

自縊棺材紋

棺材紋——如凸起者，其年生，其年死。

繩紋——若生於明堂之內，主自縊而死。

刀丁枷鎖掌

丁丁紋——大凶。

井枷鎖紋——大凶。

刀紋——大凶。

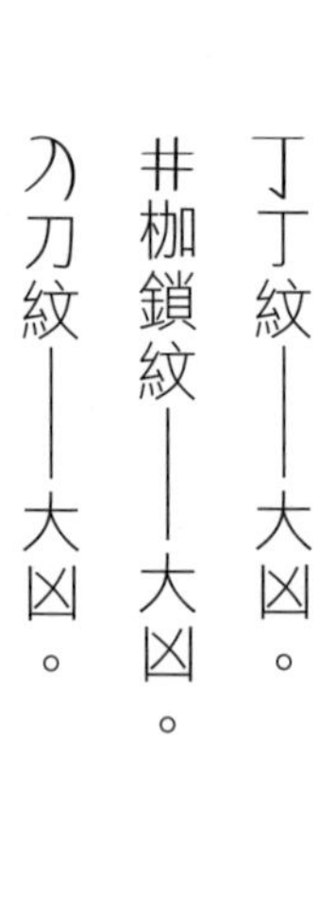

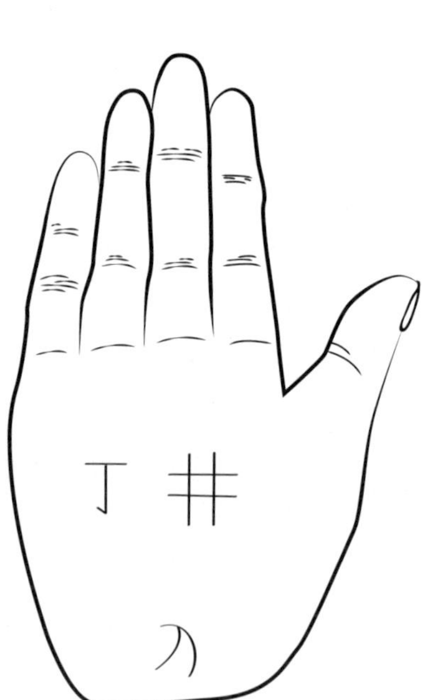

破相紋掌

橫紋多，作事難成。

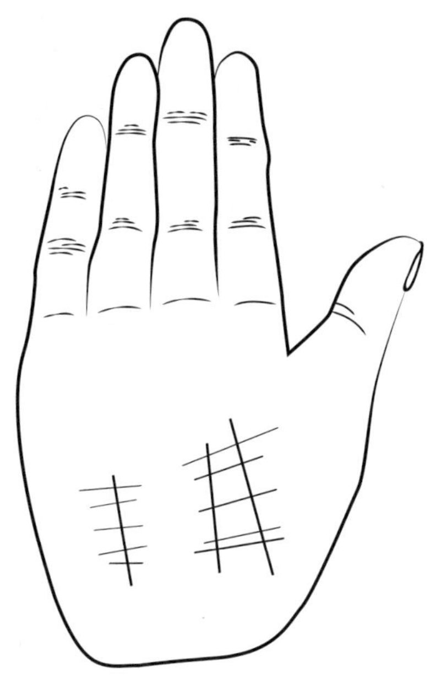

四門羅網掌

乾、坤、艮、巽卌，作事難成。

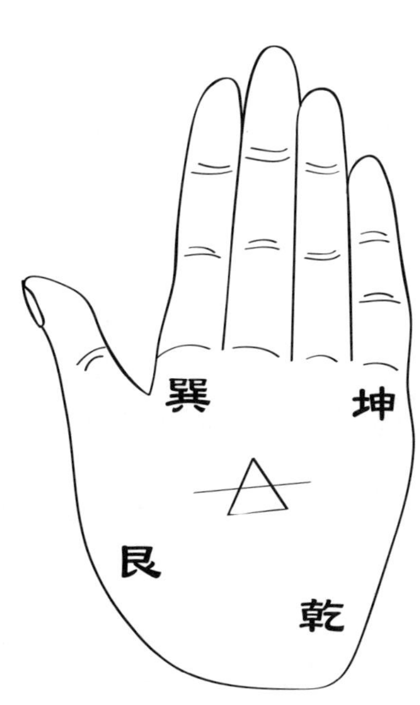

井印紋掌

#井紋——主貴，得權。

□印紋——主貴，得權。

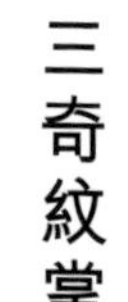

三奇紋掌

三奇紋主福祿壽至。

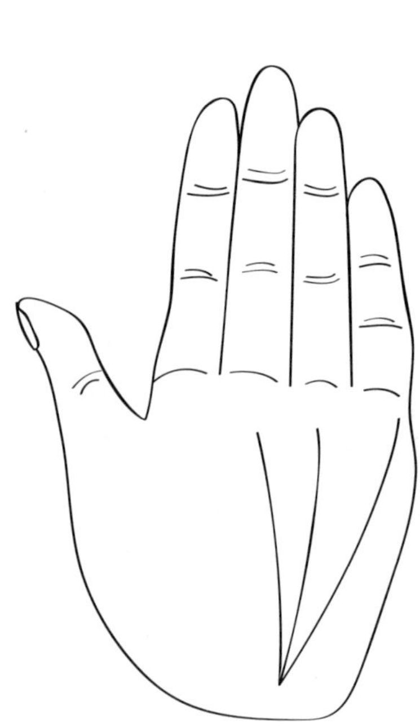

掌中飛針

皆富貴，短若飛針，長若沖夫。

財祿紋掌

◎◎◎穿錢紋——主富。

龜紋——利功名利祿。

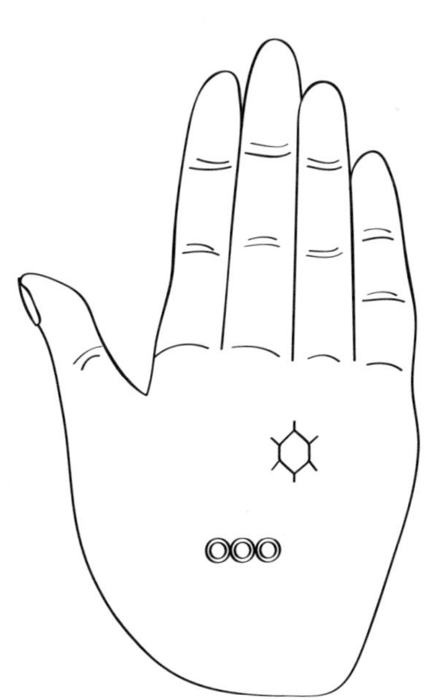

古法論掌紋（三）

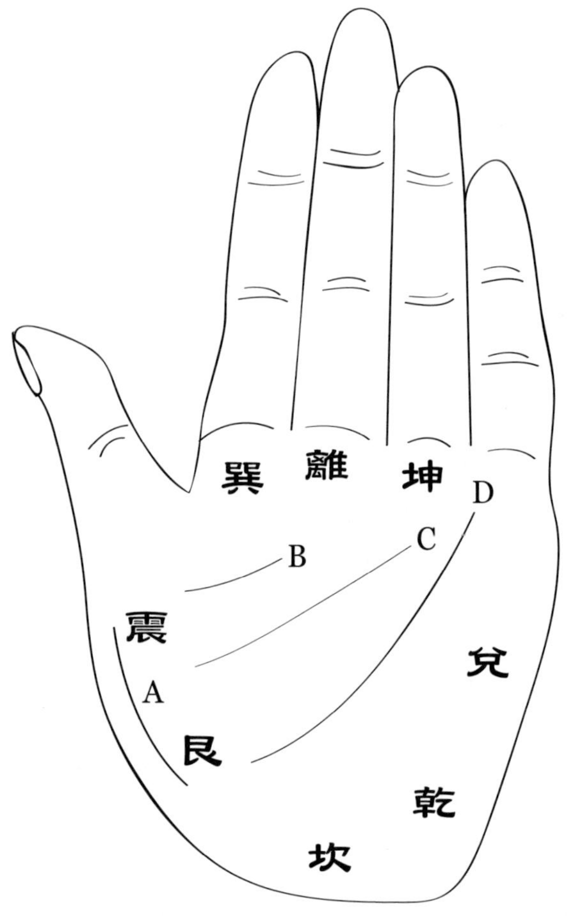

A. 主祖蔭

B. 主父妾

C. 得賢妻而興家

D. 刑妻子剋兄弟

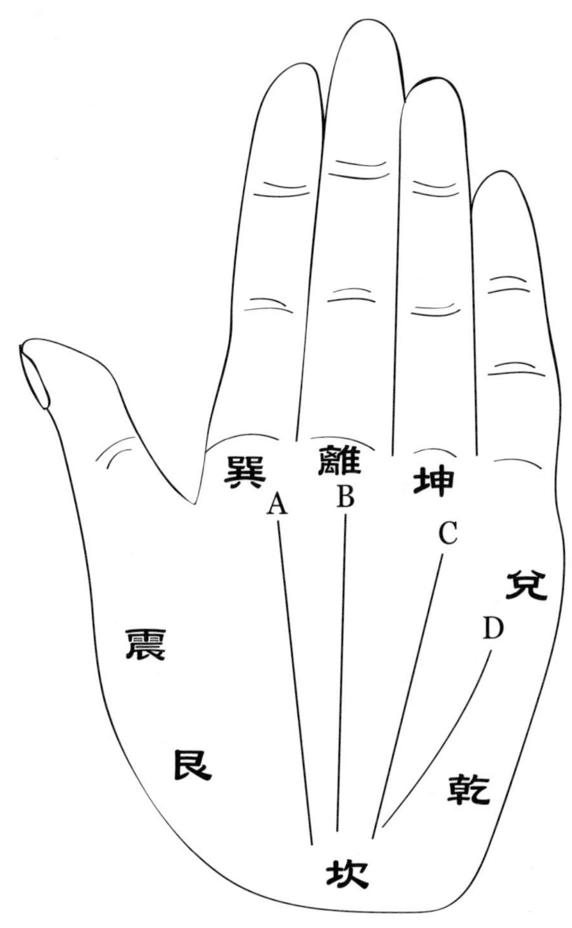

A. 自主破敗

B. 白手興家不富也貴子孫榮

C. 剋三四妻並剋子

D. 刑長妻

吉紋

手以有紋為上相。有掌有紋者終生榮華。且紋司早年之財。有掌無紋。幼不利財。女人掌上紋深。方言有子。紋細如絲。方可旺夫。紋之貴如此。但種類多。而吉凶異。不得不條分目晰之。

紋辨富貴

紋以深細為吉。豎理為貴。龜紋將相。魚紋朝郎。偃月車輪。皆主吉慶。陰隲紋主福祿。田紋富。印紋貴。紋雖好而破缺者。亦無成之相也。

仌在坎如柳絲。是積代簪纓。

XX紋形似魚。兄弟怡睦。生在大指者富。

井 ## ### 紋。皆主富貴。如坎宮井紋朝於震宮大富。

十手中大出十字紋者大發。平生有權。若生坤宮。大發橫財。又得陰貴扶助。

□不拘部位。皆主印足。

◎◎◎手有穿錢紋。即主富貴。女人震宮。高軟紅潤。有穿錢紋者。奪夫權。大發福。

丨沖天紋也。在中者壽。穿離者貴。在巽者財。若自坎宮直上不斷。入離宮者。是水火既濟。不富亦貴。白手興家。

紋定財祿

論財看掌中紋縷。密則財祿聚。疏則難聚。

◎日羅

︵偃月

ooo 南星

ooo 北斗有此者上將

雲環

<<<< 雁陣

金井
玉階
結魚 
雙魚
鳥獸 
龜紋 
飛針

離宮五井。掌心三印。皆官高祿厚之局。離宮有紋入大指節主父妾。

巽有金井金印不出指者。吝。可住財。

坤兌二宮有女字端正者。可得女財。坤宮有紋入掌心功名早成。

震宮有紋。得賢妻內助發財。有紋掌心主過房。

坤有十字紋。平生發橫財。

紋知根基

╳在兩指下。主兩處根基。

人人坎宮紋細如絲。現成根基。若紋開三股。三處住場。兩股則兩處住場。

┃坎紋直上入離。簪纓世家。否則白手成家。子孫榮貴。艮宮一紋直上。亦受祖蔭。

紋驗刑剋

乾宮坎宮有紋上坤宮。刑妻子再婚。

艮宮有紋上坤宮。刑兄弟。

坎宮有紋入兑宮。刑長妻。

○○女眼紋生坤宮。主孤。

紋見災厄

此繩紋也。在明堂。主自縊。

此盤旋紋也。在掌。亦主自縊。

此棺材紋也。其年生。其年死。

紋定心緒

此棋盤紋也。在艮宮者。心本無事。愁緒多端。

大抵直者紋直。直理亨通。橫者紋橫。橫理災賤。機淺紋淺。機深紋深。曲者不忠孝。交鎖者多勞碌。散者懶散。浮者好高。斷續者易勤易惰。皆多學少成之相也。

紋因部位而異吉凶

⬭ 此女眼紋也。在大指。曰夫子眼。在掌。曰道眼。皆主聰明。獨在坤宮。名曰佛眼。即主孤。

△ 在坎。曰鼠眼。好偷盜。在坤。曰流涕眼。有刑剋。在食指。曰貴眼。則主近貴。在巽。曰貫索眼。則發橫財。

川 短曰飛針。長曰沖天。皆富貴紋也。獨在艮宮。主兄弟少。

紋辨疑似

曰羅主貴。盤旋主縊。交紋主富。夜叉主凶。井紋富貴。枷鎖凶災。繩紋上形似魚。下形似飛針。而偏主縊。棺材紋似印。而偏主死。差之毫釐。謬即千里。不可不細認也。再附圖以明之。

◎ 日羅紋也。

× 交紋也。

井紋也。

ⅲ 繩紋也。

□ 印紋也。

◎ 盤旋紋也。

× 夜叉紋也。

开 枷鎖紋也。

▭ 黑氣盤繞者。棺材紋也。

古法論掌紋（四）

夫手者之紋。有亂而粗俗。有形成而細秀。皆從胎元中所成。而所出。可辨其根蒂也。故貴人。掌紋細秀、清楚。天然成字。文理瑩潔端美也。俗人。掌紋非無紋、則粗斷。非粗斷。則散亂。或有紋沖破。或昏暗模糊。人之手足。象木之枝幹。掌之有紋。如木之有理。木有奇紋。便為奇材。手有美紋。便為貴質。故手不可無紋。有紋為上相。紋細而深者。貴。紋粗而淺者。賤。貴人之手。不露節不浮筋。白如玉。紅如火。直如幹。軟如綿。紋清、紋秀。或成器。或成形象。端詳瑩潤不富則貴也。俗人之手。粗硬而短。筋纏。粗如土。硬如石。曲如柴。肉浮肉腫。多節無紋。筋骨粗露。紋亂。紋斷。肉暗肉焦色黑色枯。不貧則夭。

掌中三才紋。管人一身富貴。直上不散。不沖斷。是文章玉柱紋（文筆）定發魁元。五紋直上至指者。主發鼎元大拜。上一劃紋。是天紋。應天。象君。象父。

定貴賤也。中一劃紋。是人紋。應人。象賢。象愚。辨其貧富也。下一劃紋。是地紋。應地。象臣。象母。主人壽夭也。三紋瑩淨。無紋沖破者。福壽之相也。縱理多者。性強多思。橫理多者。性愚而賤。紋理直貫上指者。百謀皆遂。亂理散出指縫者。諸事破散。紋細如亂絲者。聰明。紋粗如樑木者。愚頑貧賤。紋如亂剉者。一世貧苦。有寶錢紋者。主財帛。紋漏出指節者。破敗。有偃月紋。車輪紋者。吉慶也。有甲紋者。貴。有田紋者。富。有井紋者。福壽。有十紋。祿。有陰騭紋。延壽紋者。福壽。大凡紋好沖破者。皆為缺陷、無成之相也。

第九章 度掌法

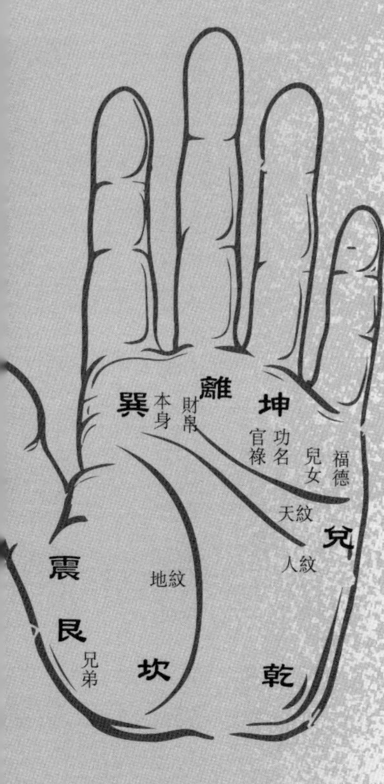

少時在廟街或街頭，時見有些看相攤檔的相士，拿着一條紅色之繩子，替客人量度手指長度，從而度算人命之吉凶。當時不知其所以然，及後在坊間一些書裏，才找到一本自己學算命的書有記載此法。其表面看似神奇，但其實粗陋無比。在此書末段記載此法，僅供參考。作為茶餘飯後一點趣味亦無不可，但毋須認真對待。又此法與風水之魯班尺有共通之處，加上一些不學無術之師又拿出來給客人看，所以看似有根有據，但實質並無用處。

量度之法（以中國之尺來度算）

以營造尺為準，男量左手，女量右手，用長線二呎量盡五指，以近掌之紋為止，合計其數其得多少，按書推斷，即無差也。

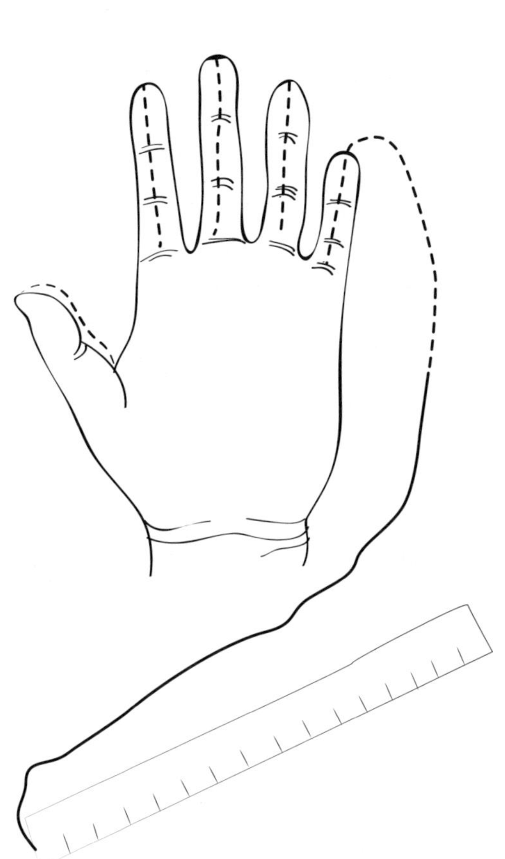

推斷

● 一尺一寸——風波之骨

詩曰：「尺一生來入命中，改門立戶便亨通。親情兄弟全無靠，只好獨自整家風。此命一生多風波，惟有辛勤自然福，若得手藝為根本，富貴盡從辛苦得。」

此命天性溫良忠厚，少年多辛苦，祖業凋零，六親兄弟恐怕無靠，需靠自己努力，方可成家立業，可習手藝營生，自然財福不缺。早運勞勞碌碌，辛勤多而收穫少，交二十三運仍不遂心，並有刑傷小口晦氣多端，二十八九運至三十三四有災星，見喜孝可免。三十七八九平平。過四十外來方稱心。五十外來安然到老。妻宮少八九歲可無刑剋，早子難招，只有一子送終。壽元五十八歲有一限，延過可到六十六歲，卒於四月之中。

● 一尺一寸一分——走移之骨

詩曰：「憂愁過日祿平平，祖業難招靠自身。出外可得貴人助，當習手藝自有成。胸中煩惱事難全，一旦榮華心安然。若要平安並享福，後運終需改門闌。」

此命為人立性耿直，有事不藏，見善不欺，逢惡不怕，立性剛強，勞力費力，剝雜多端，身心手腳不閒。出外可得貴人之力，當習手藝營生，自然財福有分。早年財來財去，虛名虛利，空歡喜白熱鬧。妻遲子晚離家鄉之格。六親兄弟全無靠，異性兄弟反相和。中運漸漸生財，重整家庭。老運平平可過。妻宮有剋，龍虎牛馬可配，可招一子，送終一子得力，壽元六十三歲，卒於十月之中。

● 一尺一寸二分——蘭臺之骨

詩曰：「殷勤和氣不憂貧，家業當需靠自身。生成骨格無破耗，自然榮耀起家

門。早年命運雖然好，中運又見勝幾分。晚景猶如中秋月，果然花甲壽方真。」

此命生來心靈智巧，為人聰明，早出社會，衣祿有餘不需憂。惟做事性急，故雖早獲名利，亦僅虛名虛利，需到中運來，方得漸漸亨通。此命一生骨格生成豐衣足食，名利有望。老運安然享福，家中財寶豐盈。妻宮若要不見刑剋，虎年馬龍猴均不可配。雖有三子，只有一子送終。壽元六十歲，過此七十二歲卒於八月之中。

●一尺一寸三分——扶風之骨

詩曰：「扶風之骨早艱難，前破後成數該然。出外經營精藝術，自然衣祿保安全。蜘蛛結網用心，堅風雨吹殘摧不成。初限勤勞受苦辛，自然末後不求人。」

此人為人厚道，可惜早運不濟。作事勞苦，所得甚微。此乃三遲三早之命格。即當家早，勞心早，憂慮早，發祿遲，妻子遲，享福遲。但若出外經營工藝，自然得保衣祿安然。此命猶如蜘蛛結網，幾番受風雨吹破，若得意志堅強，到老自然不求人。交四十九有一缺，直過五十五歲才得康寧，妻宮重配虎龍相對無刑剋。假真二子送到歸山。壽元有七十八歲，卒在十二月之中。

● 一尺一寸四分──虛名之骨

詩曰：「此格生來足衣糧，祖業難招主不祥。義德為先能事業，晚年猶勝少年昌。為僧為道命相宜，不宜早年成立家。姻緣好似相答對，三次姻緣二次離。」

此命為人聰明性直，不受人虧，有義氣。但喜怒易成，順者眉開眼笑。逆則雷公閃電。骨肉無緣，六親少力，祖業無靠，兄弟欠情。白手成家，自創自力之命格。早運虛名虛利，雖奔波勞碌，其實一無所得。早成立家，容易鬧離，故需到中年運後，配妻方無刑剋。子息雖有，不能得力，只好真假送老。壽元七十七歲，卒在十月之中。

●一尺一寸五分——白手之骨

詩曰：「此命生來自主張，祖業難招未可當。初限奔波家不足，交行末運始隆昌。一生勞碌成家計，六親骨肉兩東西。感天謝天興家業，榮華記得少年時。」

此命為人稟性剛直，作事公平，隨機應變。六親兄弟不得力，祖業難靠，白手成家，自立家計。早運年年未順，剝雜多端，不能聚財。雖好得有雙掙錢手，可惜沒有聚錢斗。此命蜘蛛結網之局，朝圓夜不圓，幾番敗了幾番代，指望穩然成家業，誰知又被起狂風。初限二十三四猶如明月被雲遮，三十外來交四十恰如玉兔又東升。終交末運方逢貴，漸漸榮昌勝祖宗。妻宮續絃方偕老，子息二人可送終。壽元五十七歲，過此六十八歲，卒於秋天。

●一尺一寸六分——清高之骨

詩曰：「事業微微難靠親，營求買賣走風塵。他鄉創立人欽敬，落得聲名遍地聞。祿重高山數不低，機關深奧有誰知。財來財去終還聚，運轉榮華駿馬騎。」

此命為人靈機性巧，胸襟通達，志氣高強，少年勤學，有巧名之格。青年欠利，腹中多計較。有禮義，有才能，勤儉成家立業，一生福祿無虧，與人幹事反為不美。六親骨肉無緣，交朋友，四海春風。做事有始有終，義利分明。對人見善不欺，逢惡不怕。吉人天相，四海揚名。中限光輝門戶，末限高堂大廈。妻宮兩硬無刑，子息三人，只有二子送終。壽元七十七歲，卒於風光之中。

●一尺一寸七分——常喜之骨

詩曰：「尺寸七分骨少長，離家在外立田莊。命中若得為僧道，後來還成家業

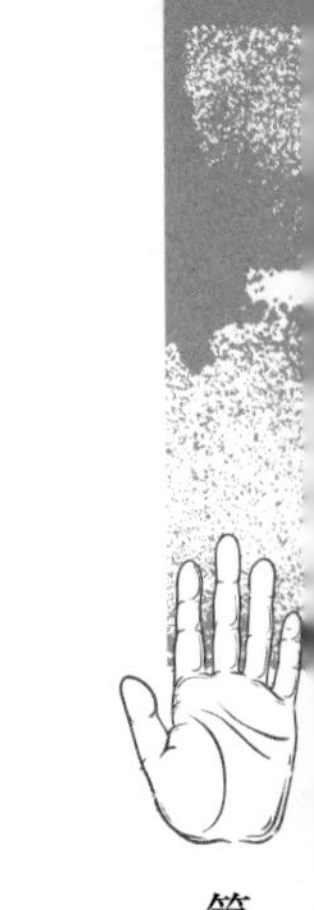

昌。妻宮小配不相儔，尚有刑傷難到頭。送老一子猶真假，八旬之外壽元休。」

此命為人心直口快，見善不欺，逢惡不怕。六親兄弟難靠，在家自憂悶，出外風光好，自得四方財。初限二十二三至二十五六，連年不遂意。二十七八九好運將到，猶如枯木逢春。中限四九之年有一險阻。五十外來，古鏡重磨，明月再圓。五十六至七八九，月明又被雲遮掩，六十六交七十方交大運。妻宮小配，還怕刑剋。子息一人，假送老。壽元八十七歲方終。

●一尺一寸八分——飄浮之骨

詩曰：「此格他鄉自立身，祖宗產業枉勞心。夫妻鐵石為同伴，兄弟無緣各自親。勞心費力未成功，直待花開一樣紅。出外經營逢貴助，終需還是改門庭。」

此命為人性大氣高，有口無心。祖業少招，離別他鄉，百事可成。骨肉六親皆不得力，自成家業，宜出外過房入贅。學習手藝經營，四方揚名之格。當招外方之財，衣祿豐隆。初限奔波，不能聚財。交過三十八九，方可成家。四十五六，才得順意。晚景猶如三春，處處紅花。妻宮兩硬無刑剋。子息假真送老。壽元四十七歲，闖過有六十六歲，卒在九月之中。

●一尺一寸九分——平等之骨

詩曰：「刑剋親戚各分張，兄弟如同參與商。妻兒兩硬方偕老，一生勞碌自承當。早年辛苦聚財源，四六之中福自天。雖生二子一得實，七旬之外壽終生。」

此命為人作事操持，與人出力反不成。兄弟六親如水炭，在家不得安然，該繼入贅之局。初限駁雜多災，勞碌奔波，不能聚財。常常憂鬱，不得開懷。骨已生成，只得勞碌自承當。若要安享福，直至三十六至四十六，財不謀而自至，福不求而自得，有貴人助力，家庭安靜。妻宮若要無刑剋，猴豬羊蛇不可配，龍虎馬牛方得實。雖有二子，一子實。壽元七十八歲，卒在三月之中。

●一尺二寸——自立之骨

詩曰：「身心不定足不閒，二限之中剝雜間。時運交到末限後，自然福祿享無邊。妻宮有礙要重婚，龍虎牛馬配得均。送老子息僅一個，壽元定限在八旬。」

此命為人性剛強，平生不受虧。多技多能，好人相敬，小人不足。祖業無靠，兄弟畫餅充飢，親戚望梅止渴。勞心見早，發福見遲，獨立成家之命。能進四方之財，出外得遇貴人之力。可習藝術營生，方能興業成家。只是早不聚財，逢凶剝雜，交過三十外來，方得意寬懷。

中運之間，還有小疾相侵。直交末運，方得安然坐享福。妻宮要重婚，宜配龍虎牛馬，可以有二子，僅一子送老。壽元八十歲，無疾而終，在三月之中。

●一尺二寸一分——松蓉之骨

詩曰：「應得梅花早來春，無如月令一陽生。三春快樂蓄家富，夫妻同居松柏長。進退徘徊自省愆，先憂後喜人安康。寸心葉吉陰人祉，銀蟾普照利名全。」

此命為人忠厚心慈，吉人天相，深謀遠慮，心中多勞。貴人欽敬，小人無情，每從進中生退，反義生仇。六親冷淡。初運刑耗，美中不足。中運漸入佳境，名利可嘉，剛柔有濟，雁行成群飛吳楚，鴛侶聯群伴落花。二九交來陽春為暖，東北遇知音。雖有一二挫折，仍然大順。天賜麒麟送老歸。壽元八十五歲方終，卒於孟冬之月。

●一尺二寸二分——末法之骨

詩曰：「尺二之骨不用焦，早年辛苦受艱勞。若交中運根源進，晚年運限樂滔

滔。一身徘徊有失意，半凶半吉未為週。中年漸漸門庭換，末運榮華得自由。」

此命為人善良，心情溫和，不剛不柔，心無所毒，自當自擔，離祖成家之命。骨肉六親不得力，早運淹蹇剝雜，勞心費力多成敗。若肯努力與堅定，可得白手重興家，直過三十五方許立業，四十外來如船遇順風，五十外來多安穩，末運樂滔滔。妻宮硬配，子息半假送終。壽元七十歲，卒於五月之中。

一尺二寸三分——微頗之骨

詩曰：「此命中限浪浮遊，毋需怨恨與憂愁。士者必安奔波局，安分守己得平和。勸君不可用心機，少免牽車往東西。凡事不宜行險路，只為終身大運運。」

此命為人心慈性躁，有口無心，有粗無細，一生奔波勞苦，六親無靠，祖業凋零，自立成家之格。早運中運，浪遊他鄉，需到四十外來，烏雲散盡日兒高，十年大運方成業。五十一二之年，青天白日有虛驚。五十四五六七八，又許平過幾春。六十前後，猶如花開被雨淋，必定有人來暗害，機事之中要小心。妻宮有剋，兩硬無刑。早子難招，只好一子送終。壽元七十三歲，卒於冬月之中。

●一尺二寸四分——移改之骨

詩曰：「前長後短骨不長，客孤親情在外鄉。直交晚年方結實，榮華衣祿有餘糧。該交末運稱心時，命剋單身自可知。朝暮心機辛苦力，奔馳駁雜運來遲。」

此命為人稟性忠直，心高氣傲，與人幹事，恩中有怨。早年駁雜，運蹇時乖，骨肉無情，財源似雪，命如孤雁，獨馬單鎗。初限命運甚乖，二十八九三十來，未曾送運都說好，及到交時苦哀哉。三十五六到四十，猶如金菊遇秋放，心機用盡方逢貴。末運交來始稱懷。祖業有破重新整，猶如枯木再開花。妻宮龍虎無刑，運該孤子送老。五十九有一限，過者六十九。壽元八十三歲，卒於十月之中。

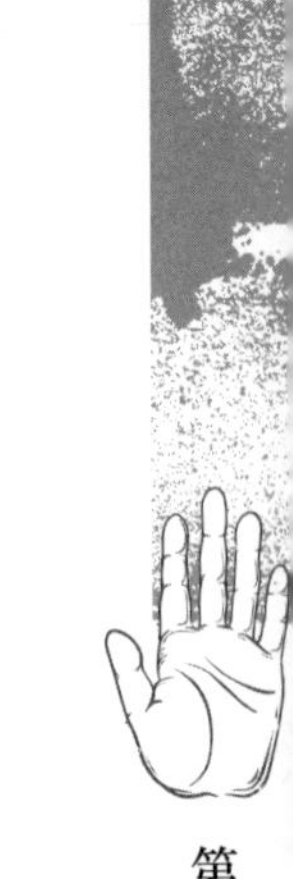

● 一尺二寸五分——返夢之骨

詩曰：「財來財去定衣糧，夫妻同出有刑傷。更變財源方遇喜，時來末運始隆昌。初年衣祿甚盈餘，中限交來駁雜時。直待晚年方結實，勸君莫怨運來遲。」

此命為人性躁不怕人，隨機應變。晚遇貴人，祖業無存，宜過房入贅之局。骨肉親朋少靠，一生自立家業。初限交來基庫運財如春雪，中限交來反駁雜，直到晚年方結實，富貴定從老處得來。妻宮有剋，小配無刑。子生二人，只該一子一女送終。壽元七十歲，延過有七十五歲，卒於七月之中。

● 一尺二寸六分——無求之骨

詩曰：「龍居淺水遭蝦戲，虎落平陽被犬欺。災厄破財中限好，時來運來稱心機。初限之中有剋傷，刑妻剋子見災殃。直到四十交好運，改換門庭大吉昌。」

此命為人稟性純和，作事勤力。小人不足，恩中招怨。兄弟有剋，親朋相擾，賠酒賠飯反説不美。初運平平，交二十六七，凡事有損，不能聚財。中限駁雜，刑妻剋子。交過四十歲來，成家立業，般般遂意，件件稱心。至四十七八有一災，其年但恐傷財，交過方可免去。後有十年好運來，家中財寶俱完備。三真一假送終。壽元七十有三四，卒於三月之中。

• 一尺二寸七分——離祖之骨

詩曰：「此命離祖細推詳，平生基業兩三場。重重改換方為美，末運交來福祿良。自成家計用心堅，一身變換好安然。身榮業裕可長守，後運亨通在晚年。」

此命為人伶俐乖巧有機變，家族緣薄，離祖成家，緣和四海，可得四方之財。

此命原該習藝術或公門出入，有雙掙錢手，可惜沒有聚錢斗。滿面春風人道好，其

實一生不足自己知，妻遲子晚，早運奔馳勞碌。四十來方交大運，猶如枯木逢春。四十九上有一災，其年過，福星臨人，有十年好運，財祿豐盈大吉昌。妻宮鐵石方偕老。子息一雙可送終。壽元六十九歲，卒在仲冬之中。

●一尺二寸八分——安定之骨

詩曰：「尺二八分整家門，田房留得與兒孫。中運行來家漸起，骨肉團圓喜氣新。八分餘利便無説，借問此人命若何。福祿自然衣食好，時來末運始亨通。」

此命為人立性操持，能知輕重，有隨機應變之力。結交朋友反如兄弟，度量寬宏，見善不欺，逢惡不怕，平生正直，無大災難，乃安定之命格。初限衣祿無虧，妻宮見遲方好，子息晚招得實。四十外五十至，末運亨通大吉昌，福祿無虧財源穩，厚衣豐食，高堂大廈。妻宮兩位，有好子二人三女送終。壽元八十歲，卒於九月之中。

●一尺二寸九分——如意之骨

詩曰：「初運駁雜瑣碎傷，喜氣榮華晚運強。直交中年末運好，門閭改換姓名香。春天才放一枝花，卻被狂蜂浪蝶爬。親情猶如水共雪，異姓外人似一家。」

此命為人多才多能，心機靈巧，祖業凋零，離鄉背井，可成事業。兄弟少力，駁雜多端。為人靜處安閒，出外有人敬重，可進四方之財，有貴人扶持，逢凶化吉，並無刑險，一生無大難，只是救人無功，恩中招怨，重義輕財，財帛易聚易散，早年不得聚財。交三十三四方知甘苦。凡事易順。三十八九四十，如意稱心。末運福如東海，壽比南山。只是妻有剋，兩硬無刑。二子送終，壽元六十九歲，過則八十一歲，卒於三月中。

● 一尺三寸——花榭之骨

詩曰：「此格生來甚駁雜，妻宮有剋卻無差。小時異姓方招得，兄弟無緣各分家。志氣高仰氣量宏，硬堅直爽性天然。六親手足如水炭，末限交來始得安。」

此命為人性情和平，剛柔相濟，心無所毒。自權自立，離祖之命，心懷鯁直，不受人言。好結親朋，度量寬宏，心機靈巧，祖業稀微。六親兄弟少力，骨肉無情。初限雖安未順，財源不聚。中限改換門風，家業漸長，財不能大聚。末限方才安然創業。妻宮重配鐵石無刑。子息假真二子送終。壽元七十二歲，卒於七月之中。

● 一尺三寸一分——靈機之骨

詩曰：「初年伶俐能變化，中運猶如錦上花。若逢貴人來助運，後來立業享榮華。此命靈機奔又波，親情淡薄奈如何。壽如古稀將及耄，晚來好運福偏多。」

此命為人好善，粗細皆能。如結親朋，所為之事，量極寬宏，伶俐乖巧。但嫌六親兄弟皆不得力，救人無恩，養人無義，恩多成怨，是處成非，善人相敬，小人不足。祖業少招，親戚無情，出外方自力成家。命該妻遲子晚，若早招，好似鏡中之花，水中之月。早運不利，交三十外來步步升騰，中運來家道興隆，猶如錦上添花，發財光耀，招進產業。妻宮有剋，兩硬無刑。子息有二人送終。壽元七十二歲，卒於仲秋之月。

●一尺三寸二分——蹇滯之骨

詩曰：「勞心勞力未見功，直待花開結子榮。自有貴人相助力，步踏雲梯事事通。初限勞苦在命宮，中運之間方得安。若要家財常興旺，還要末運始亨通。」

此命為人俊雅，腹中多計較，做事局面手段高強，知輕識重。惡事不做，惜老

憐貧，身閒心勞，孝順雙親，衣祿無虧。只是六親少力，骨肉情疏，自立家業。祖業之中有破，離祖方好。早運淹蹇，不能聚財。雖有掙錢手，沒有聚錢斗。若要家業成，交至三十七八九，過四十外來方謀事而就，漸漸精神爽，喜氣洋洋生。妻宮大則二十，小則十八無刑，早子難招，可得三子二女送老。壽元六十三歲，過此得七十九歲，卒於七月之中。

● 一尺三寸三分——自改之骨

詩曰：「此命為人性氣高，六親骨肉總相拋。出外自然逢貴顯，老運應知好富豪。早年奔波晚年開，不受人欺性自乖。在外求財皆有望，晚年福祿稱心懷。」

此命為人心高強，不怕人欺，與人常行好事，反成仇隙，施恩人怨，處義成非。初限奔波，家財少聚，出外經營便好，在家無益，三十年來不稱意，至六十諸事稱心懷，末運亨通。此命一生自有天為主，祖業全無半點遺。若論前運多駁雜，誰知到後享榮華，猶如蓮根上生甘草，方信甘從苦上來。妻宮鐵硬方偕老，子息遲，子有三人送終。壽元六十三歲，卒於九月之中。

●一尺三寸四分——更變之骨

詩曰：「初運駁雜苦憂煎，中運家財可得全。朝暮辛勤隨時過，後來忽地稱心田。更變之骨甚剛強，心性生來有主張。更名改姓或承繼，末運安然家道昌。」

此命為人心性明敏，作事有法，知輕識重。惡事不做，敬佛禮神，惜老憐貧。身閒心勞，孝養雙親，衣祿無虧。只是六親水炭，骨肉無情。初運奔波勞苦，枉自費力。交至二十七八至三十一二，謀事可成。經營貿易，財源滾滾，服官奉職，步步高陞。妻宮受剋，必需豬兔羊相配，方可免刑。早子難招，到末運可得二子一女送終。壽元七十二歲，卒於二月之中。

● 一尺三寸五分——咸池之骨

詩曰：「此格初年在外遊，中運交來也未週。未限不用心機便，八九名傳起畫樓。咸池之命幼年強，只恐妻多壽不長。子息得來後得力，柳巷花街莫入場。」

此命為人口快心直，一生好強，與朋友相交，誠實無欺。三十以前錢財不聚，家事不遂，離祖成家，自成自立。兄弟如陌路，財帛似風雲。至四十八九來，運如楊柳遇春時，此該在家之命，不宜出外經營。五十八有災侵，六十之後多安穩。妻子無刑剋，子息二人。壽元七十歲，卒於八月之中。

● 一尺三寸六分——遊行之骨

詩曰：「遊行之骨使人愁，父母田房為不週。在外立身逢貴助，自然衣祿不需求。風裏楊柳無定期，或時茂盛或時稀。雖然總有親和眷，久後終需還別離。」

此命為人性直，心地無毒。祖業無靠，早運奔波。此命該有外方之財，只宜出外經營，有貴人扶助，始得交運聚財。一生時成時敗，直交三十九，方得好運，豐衣足食，然猶破敗未脫，尚是中中，四十八九漸漸精神爽，常常喜氣生，任他風浪起，穩坐釣魚船。末運發福生財。妻宮鐵石可以齊眉，子息三人，只好二子送終。壽元七十三歲，卒在小雪之節。

●一尺三寸七分——隨時之骨

詩曰：「處世機謀立身初，中年運限艱辛勤。直逢末限遇貴助，恰如枯木又逢春。親情無分止如何，兄弟如同水上波。初年二限財來破。末限交來事業多。」

此命為人心性靈巧，處世有機謀。但兄弟無靠，骨肉無緣，財帛如風雲。初限駁雜，三十外來略有起色。交三十五六有災星，除非喜孝來沖解。挨過三十九為

美。四十三歲不為難。直交五六方成運，五八之年事業華。末運家財重再整，猶如枯木再逢春，妻宮牛馬豬羊配，子息虎龍猴可招。妻宮小配，子息先花後果。壽元六十三歲，過則七十九歲，卒於九月之中。

● 一尺三寸八分——得成之骨

詩曰：「得成之骨自安詳，若得安然待晚香。亦可更方為自業，需交六九福無疆。少年時運不甚通，猶如草把撞木鐘。祖業凋零財耗散，晚年家道始能成。」

此命為人立性耿直，助人不得力，好人相敬，小人不足，恩中成怨。氣性剛暴，早年不利。祖業凋零，破財離散，自成獨立。少年時運不甚通，需交三十行船始得順風，三十五六過，得子成家，漸漸亨通。產業破來重又整，挨過其年四十一，猶如枯木又逢春。四十五六正當時，不見是非要破財。直過四十九來交五十，末限行來家道成。妻宮重配方到老，子息該招三子，只好一子送老。壽元七十四歲，卒於九月之中。

●一尺三寸九分——智性之骨

詩曰：「智性之骨自立身，今生有祿是前因。若要榮華光祖業，需當奔波三十春。久坐塵埃以待時，書窗寂寞有誰知。一朝運到人相敬，富貴還需定有期。」

此命為人心性聰明，衣祿有足。敬老憐貧，敬佛禮神。此命自成自立，與人作事反招是非，恩中有怨，救人無功。初限淹蹇勞碌，有錢不聚。中限漸漸如意。兄弟六親不得力。三九不濟，喜孝相沖，方免破財。三十九過四十來，方始順意，南方大利。四十八九至五十之上有一阻，猶如明月被雲遮。五十之外正當春，好似行船遇順風。待交末運，安然到老。子息二人，壽元七十八歲，卒於大雪中。

● 一尺四寸——安康之骨

詩曰：「安康之骨足衣糧，還用心田壽命長。立志溫和忠孝道，門風改換出賢良。骨肉光華氣象輝，家財興旺富崔巍。安居樂業康寧福，末限人揚有遠威。」

此命為人敬重雙親，有福有祿，六親和陸，義氣高強，敬佛重神，少年勤學，有功名之格。一生平康，青年欠利，末運安享福祿。此骨三限之格，子孫旺相之局。初限早成家計，辛勤勞苦。中限漸漸生財，重整門風。夫妻小配無刑。末限富貴榮華。壽元八十三歲，有三男二女送終，卒在仲冬之月。

● 一尺四寸一分——晚景之骨

詩曰：「此格生來足衣糧，自成家業晚年強。更改勞心多費力，一生勞碌自承當。末限交來老運通，財源茂盛喜重重。子息晚招同到老，夫妻偕老一般同。」

此命為人立性剛強，勞心費力，更移祖居，自成自立，不得安閒。知輕識重，惡事不做，敬老憐貧，心善無毒，但一生與小人不足。初限之年小發達，自成家計得安康。四十八九交末運，漸漸謀事而成，幹事而就。老運亨通，財源茂盛，晚景榮華。妻宮有剋，兩硬無刑。子息該有四人，只好二子送老。壽元四十九歲有一劫，延過可到花甲，卒於十二月之中。

●一尺四寸二分——生財之骨

詩曰：「初限交來已早通，如舟泊花柳陰中。衣祿星神來坐命，一生財祿順相逢。中限交來運又好，高人相敬貴人招。出外經營多得利，末運交來福壽高。」

此命為人心靈性巧，腦智明晰，交際巧妙，寬宏大量，事應忍耐與奮鬥，乘得良機，重色情，破前程害良緣，宜要謹慎。初限不能聚財，虛名虛利，財來財去，

有敗有成。一生有衣祿星坐命。中限交來漸漸稱心，求謀順意，出外經營，有人恭敬，一生近貴，興家事業通。夫妻偕老，子息眾多，壽元八十之外。

●一尺四寸三分——松筠之骨

詩曰：「松筠之骨性高明，數合才猷命合星。風雷辰巳逢甲未，一天星斗耀文明。大事先從小事尋，早苗待雨得甘霖。借徑求謀芳草畔，自有松筠庇綠蔭。」

此命為人性巧心靈，口快心直，一生好行善事，為人熱心，東來西去，不住不停，多管多勞，恩中反怨，君子懷敬，小人嫉妒。骨肉少緣，志在四方，身心進退，勞碌難免。前運乘陰少種樹，遇而不遇，三九財來，遠慮無咎。中運經營，財如大澤隨行，後運得成。事業終成，聲名可望。此命小事宜培修，方有子息，壽元八十二歲，卒於孟冬之月。

●一尺四寸四分——天柱之骨

詩曰：「恭儉溫良志不休，天生食祿不需求。若問終身真富貴，半生榮華樂春秋。妻宮大小皆和美，子息三位又富豪。三限之中無破敗，吉人天相莫憂愁。」

此命為人心靈性巧，作事細微，足智多謀，骨格原是石中之玉。志氣高昂，少年勤學，利名成就，逍遙快樂。量甚寬宏，財祿有餘。早運錦上添花，中運交來自成立業，漸漸榮昌。命該妻早子遲方為美，四十至四十五六看子成名。晚景榮華。妻無刑剋，子息三位，只好二子送終。壽元七十三歲，卒於正月之中。

●一尺四寸五分——黃殿之骨

詩曰：「此命身高難靠親，或居雲下踏紅塵。他鄉並立田莊業，晚運方能遇幾春。祖業無依不靠親，勤勞辛苦弄精神，皆由骨格生成定，自有中天日照門。」

此命為人立性鯁直，做事有頭有尾。身高心自高，六親少靠，骨肉如同陌路人，子息虛花，祖業不招。命該他鄉創立外方買賣之命。只是眾人幹事，反為不美，與眾不和。早年財來財去，中限受得苦奔波，方得遂意。末運平平過幾春。財帛有名無實。妻宮命硬可配，子三女假子一個送終。壽元六十三歲，卒於四月之中。

參考書目

（一）《鬼谷萬靈神奇相法》（《神相全篇》）
（二）《太清神鑑》
（三）《諸葛亮相術傳真》
（四）《諸葛孔明掌紋學》
（五）《相理衡真》
（六）《神相鐵關刀》
（七）《神相金較剪》
（八）《麻衣神相》
（九）《玉管照神局》

作者
蘇民峰

編輯
May Leung

美術設計
Venus Lo

排版
何秋雲

出版者
圓方出版社
香港鰂魚涌英皇道1065號東達中心1305室
電話：2564 7511
傳真：2565 5539
電郵：info@wanlibk.com
網址：http://www.wanlibk.com
http://www.facebook.com/wanlibk

發行者
香港聯合書刊物流有限公司
香港新界大埔汀麗路 36 號
中華商務印刷大廈 3 字樓
電話：2150 2100
傳真：2407 3062
電郵：info@suplogistics.com.hk

承印者
美雅印刷製本有限公司

出版日期
二零一九年三月第一次印刷

Published in Hong Kong by Forms Publication,
a division of Wan Li Book Company Limited.
ISBN 978-962-14-6979-3

中國掌相

歡迎加入圓方出版社「正玄會」！

「正玄會」會員除可收到源源不斷的玄學新書資訊，享有購書優惠外，更可參與由著名作者主講的各類玄學研討會及教學課程。「正玄會」誠意徵納「熱愛玄學、重人生智慧」的讀者，只要填妥下列表格，即可成為「正玄會」的會員！

您的寶貴意見

您喜歡哪類玄學題材？(可選多於1項)

□風水 □命理 □相學 □醫卜

□星座 □佛學 □其他＿＿＿＿＿

您對哪類玄學題材感興趣，而坊間未有出版品提供，請説明：

＿＿＿＿＿＿＿＿＿＿＿＿＿＿＿＿＿＿＿＿

此書吸引您的原因是：(可選多於1項)

□興趣 □內容豐富 □封面吸引 □工作或生活需要

□作者因素 □價錢相宜 □其他＿＿＿＿＿

您如何獲得此書？

□書展 □報攤/便利店 □書店(請列明：＿＿＿＿＿)

□朋友贈予 □購物贈品 □其他＿＿＿＿＿

您覺得此書的書價：

□偏高 □適中 □因為喜歡，價錢不拘

除玄學書外，您喜歡閱讀哪類書籍？

□食譜 □小説 □家庭教育 □兒童文學 □語言學習 □商業創富

□兒童圖書 □旅遊 □美容/纖體 □現代文學 □消閒

□其他＿＿＿＿＿

成為我們的尊貴會員

姓名：＿＿＿＿＿ □男 / □女 □單身 / □已婚

職業：□文職 □主婦 □退休 □學生 □其他＿＿＿＿＿

學歷：□小學 □中學 □大專或以上 □其他＿＿＿＿＿

年齡：□16歲或以下 □17-25歲 □26-40歲 □41-55歲 □56歲或以上

聯絡電話：＿＿＿＿＿ 電郵：＿＿＿＿＿

地址：＿＿＿＿＿＿＿＿＿＿

請填妥以上資料，剪出或影印此頁黏貼後寄回：香港鰂魚涌英皇道1065號東達中心1305室「圓方出版社」收，或傳真至：(852) 2565 5539 ，即可成為會員！

＊請剔選以下適用的選擇

□我已閱讀並同意圓方出版社訂立的《私隱政策》聲明# **□我希望定期收到新書資訊**

顧客通告：個人資訊

圓方出版社收集個人資料作出聲明，本私隱政策聲明是根據香港特別行政區《個人資料（私隱）條例》－第486章（「條例」）。

個人資料收集

圓方出版社收集顧客資料包括顧客之姓名、電郵地址、郵寄地址、電話號碼、傳真號碼及各項喜好。

個人資料之使用

圓方出版社之顧客個人資料將直接用圖書業務，並向顧客傳遞以下訊息：

1) 新書；2) 特別推廣及優惠；3) 銷售；4) 活動；5) 公司之資訊

個人資料之披露

圓方出版社只授權已獲權限之人士處理顧客個人資料作有關圖書銷售之業務，不會銷售、租借、分享任何顧客個人資料給第三方或不屬於同一機構，除非得到顧客之同意。

查詢核對或修改個人資料

顧客可以發電郵到 info@wanlibk.com 查詢核對或修改其個人資料。

請填妥後對摺，黏貼後即可直接郵寄謝謝

請貼郵票

寄

香港鰂魚涌英皇道

1065號

東達中心1305室

「圓方出版社」收

圓方出版社

正玄會

• 尊享購物優惠 •

• 玄學研討會及教學課程 •